CINESIOLOGIA E MUSCULAÇÃO

L732c Lima, Cláudia Silveira
Cinesiologia e musculação / Cláudia Silveira Lima, Ronei Silveira Pinto. – Porto Alegre : Artmed, 2006.
188 p. ; 25 cm.

ISBN 978-85-363-0527-1

1. Esportes – Análise do movimento. I. Pinto, Ronei Silveira. II. Título.

CDU 796.012:796.015.52

Catalogação na publicação: Júlia Angst Coelho – CRB 10/1712

CLÁUDIA SILVEIRA LIMA

Professora de Cinesiologia da Escola de Educação Física da UFRGS
Mestre em Ciências do Movimento Humano pela Escola de Educação Física da UFRGS
Doutoranda em Educação Física na Escola de Educação Física e Esporte da Universidade de São Paulo

RONEI SILVEIRA PINTO

Professor da Escola de Educação Física da UFRGS
Mestre em Ciências do Movimento Humano pela UFRGS
Doutorando da Faculdade de Motricidade Humana da Universidade Técnica de Lisboa, Portugal

CINESIOLOGIA E MUSCULAÇÃO

Reimpressão 2008

2006

© Artmed Editora S.A., 2006

Capa: Gustavo Macri

Fotos: Igor Ferrasso da Silva

Ilustrações: Carlos Soares

Preparação de originais: Laura de Souza Ávila

Leitura final: Clóvis Victória Junior

Supervisão editorial: Cláudia Bittencourt

Projeto gráfico e editoração eletrônica: TIPOS design gráfico editorial

Reservados todos os direitos de publicação, em língua portuguesa, à
ARTMED® EDITORA S.A.
Av. Jerônimo de Ornelas, 670 - Santana
90040-340 Porto Alegre RS
Fone (51) 3027-7000 Fax (51) 3027-7070

É proibida a duplicação ou reprodução deste volume, no todo ou em parte,
sob quaisquer formas ou por quaisquer meios (eletrônico, mecânico, gravação,
fotocópia, distribuição na Web e outros), sem permissão expressa da Editora.

SÃO PAULO
Av. Angélica, 1091 - Higienópolis
01227-100 São Paulo SP
Fone (11) 3665-1100 Fax (11) 3667-1333

SAC 0800 703-3444

IMPRESSO NO BRASIL
PRINTED IN BRAZIL

APRESENTAÇÃO

O estudo do movimento do corpo humano tem despertado o interesse de cientistas e artistas há séculos. Segundo Michael White (2000), em seu livro *Leonardo: o primeiro cientista*, Leonardo da Vince dissecava cadáveres com finalidades científicas e artísticas. Existem também evidências, segundo o livro de David Spence (2004), *Grandes artistas: vida e obra*, de que Michelangelo acrescentava ao seu talento natural de pintor e escultor o estudo da anatomia humana.

Desde a Renascença, os fenômenos da ativação elétrica muscular e da contração muscular vêm sendo gradativamente melhor compreendidos. Com os avanços tecnológicos, passou a ser possível registrar a atividade elétrica produzida por músculos durante contrações voluntárias. A eletromiografia constitui-se, hoje, em uma ferramenta indispensável àqueles que se dedicam ao estudo da análise do movimento, embora com diferentes objetivos, como: avaliação das ações musculares, treinamento físico-desportivo, reabilitação ou controle motor. Assim, no que se refere ao estudo da função muscular, muito do que no passado era teoricamente preconizado em termos da participação muscular em um determinado gesto ou exercício pode agora ser verificado por meio da eletromiografia.

A atividade física, por sua vez, passou a ser considerada agente de saúde, tanto no sentido preventivo como no corretivo. Vários conceitos foram aperfeiçoados nos últimos tempos, e alguns mesmo reformulados. O treinamento de força é um deles. Com base em fundamentos fisiológicos, força é hoje uma grandeza física importante, a qual pode e deve ser desenvolvida desde a infância até idades avançadas. Tudo é uma questão de adequação e dosagem dos exercícios aos limites de cada praticante. A prática da musculação, conseqüentemente, aumentou de forma substancial o número de adeptos, existindo uma considerável quantidade de literatura disponível no mercado. A proposta deste livro, no entanto, é diferente: trata-se da reunião da experiência de dois competentes e dedicados profissionais que atuam nas áreas da musculação – cinesiologia e reabilitação –, Ronei Silveira Pinto e Cláudia Silveira Lima, com os conhecimentos que ambos detêm na área da eletromiografia. Assim conseguiram produzir uma obra diferenciada. O livro, portanto, não apenas apresenta exercícios de musculação e discute teoricamente a participação muscular envolvida nos mesmos, mas registra, com traçados eletromiográficos de ótima qualidade, a participação de importantes músculos em cada um dos exercícios. Não é, portanto, apenas mais um livro, mas sim uma obra que não pode, absolutamente, ser desconsiderada por aqueles que se interessam pela Ciência da Musculação.

ANTÔNIO CARLOS STRINGHINI GUIMARÃES
Professor de Cinesiologia da ESEF-UFRGS
Mestre em Biomecânica pela Universidade de Iowa, EUA
Doutor em Cinesiologia pela Universidade de Calgary, Canadá

PREFÁCIO

A tarefa de escrever um livro, apesar de ser um privilégio, pressupõe muitas horas de trabalho, abdicação temporária da companhia de familiares e de muitas horas de descanso, determinação no cumprimento das tarefas essenciais à consecução do "produto final", tudo em nome do desejo de oferecer a colegas profissionais algumas das idéias que estruturam o nosso pensamento em relação à determinada área do conhecimento, neste caso, a Cinesiologia Aplicada ao Movimento Humano.

No longo caminho que percorremos na produção deste *Cinesiologia e musculação*, desde sua concepção – durante um curso que ministramos no Programa de Educação Física Continuada oferecido pela Escola de Educação Física da UFRGS –, passando pelos primeiros ensaios de registro dos sinais eletromiográficos (EMG), até a orientação dos últimos desenhos, passaram-se alguns anos. O texto original, escrito em Porto Alegre, sofreu algumas alterações e foi intensamente discutido via Internet entre dois continentes.

Durante esse percurso, vários acontecimentos marcaram nossas vidas. Partimos de Porto Alegre em busca de novas aventuras acadêmicas, sendo "recebidos" por São Paulo e Lisboa. Ampliamos nosso horizonte pessoal e profissional. Presenciamos o crescimento e a evolução do Matheus e da Gabriela, filhos especiais. Assistimos o nascimento tão esperado da Amanda. Tivemos que suportar a partida de um amigo especial, o querido Guima. Fomos obrigados a agüentar a distância e a saudade da nossa Escola-mãe, a ESEF. Em todo esse percurso, sempre contamos com a motivação e o apoio incondicional de nossos companheiros, Jorge e Margaret. Enfim, muitas coisas mudaram, mas fica a nossa certeza de que as idéias apresentadas neste livro estão amadurecidas e prontas para serem divulgadas.

Finalmente, dirigimos nossos sinceros agradecimentos a algumas das pessoas que colaboraram no projeto e execução deste livro: à Aline Tamborindeguy e ao Fabrício Cadore, que, com muita paciência, submeteram-se às sessões de fotos; aos professores Michel Brentano e Lucimere Bohn, com a colaboração de Eduardo Cadore e Bianca de Azevedo, pela ajuda sempre providencial no registro e tratamento dos sinais EMG; ao Carlos Soares, que, com muita competência, fez os desenhos que auxiliam a compreensão das informações; à equipe da Artmed Editora, que, com muita habilidade e tolerância, estruturou a apresentação do livro; e, finalmente, à direção da Artmed, pelo investimento nas nossas idéias.

Desejamos que esta obra seja apreciada pelos leitores e que possa se constituir em ferramenta útil de trabalho!

OS AUTORES

SUMÁRIO

1 Análise de movimento
Aspectos neurofisiológicos 11
Aspectos biomecânicos 13

2 Membros superiores
Supino 24
Remada alta 32
Remada baixa 36
Voador direto (frontal) 40
Voador invertido (dorsal) 50
Puxadas 58
Puxada inclinada 64
Elevação lateral 68
Desenvolvimento incompleto (meio desenvolvimento) 76
Rosca bíceps 82
Rosca tríceps 88
Rotação externa 96

3 Membros inferiores
Extensão do joelho 104
Flexão do joelho 114
Leg press 120
Agachamento 126
Flexão plantar 134
Cadeira abdutora 140
Cadeira adutora 146
Glúteo 150
Flexão do quadril 156

4 Coluna
Abdominais 160
Extensores da coluna lombar 172
Flexão lateral 178

Referências bibliográficas 183

Índice 185

capítulo 1

ANÁLISE DE MOVIMENTO

Aspectos neurofisiológicos

O treinamento de força é atualmente uma das modalidades de atividade física mais praticadas pela população em geral. Crianças, jovens, adultos e idosos, de ambos os sexos, estão engajados em programas de treinamento de força com fins estéticos ou preventivos e, em número mais reduzido, mas ainda assim representativo, com o objetivo de melhorar o desempenho esportivo.

A manipulação das variáveis agudas relacionadas ao treinamento de força, entre as quais a seleção e a ordem dos exercícios, a intensidade e o volume da carga, a freqüência de treino e o intervalo entre os exercícios e as séries (Kraemer e Ratames, 2004), constitui um dos principais aspectos a ser controlado para o êxito do programa. A seleção dos exercícios executados em equipamentos ou com pesos livres é, em princípio, baseada na análise detalhada do(s) movimento(s) articular(es) e da musculatura envolvida. No entanto, a parcela de contribuição de cada músculo para a realização dos diferentes exercícios não é clara e objetivamente conhecida, o que torna a análise de movimentos globais ainda mais subjetiva e capaz de comprometer a elaboração adequada de um programa de treino (Matheson e cols., 2001). Portanto, a identificação da cadeia cinética nos diferentes exercícios é essencial para a organização e prescrição adequada do processo de treino. Uma vez controlado esse aspecto, o equilíbrio articular, a postura corporal, o desempenho motor específico e até mesmo objetivos estéticos, entre outros, ficam mais resguardados.

Em relação à análise qualitativa da participação muscular em movimentos específicos, há pelo menos seis métodos utilizados:

- A partir da análise dos pontos de inserção do músculo e da direção das suas fibras, determinar a relação mecânica exercida sobre o esqueleto e o conseqüente movimento articular. Esse sistema constitui-se em uma análise teórica.
- A partir da dissecação do cadáver, tracionar o músculo e observar os movimentos executados.
- Estimular eletricamente um músculo e observar os movimentos realizados.
- Em indivíduos que perderam a função de determinados músculos, estudar a influência na força, na postura e nos movimentos resultantes.

Essas técnicas são de aplicação limitada *in vivo* e, principalmente, as três primeiras não possibilitam determinar as ações musculares sinérgicas. Além das técnicas mencionadas, há duas técnicas de análise das ações musculares aplicadas *in vivo*:

- Determinar a função muscular por meio da palpação dos músculos durante a execução do movimento, procurando identificar quais são os músculos envolvidos.

- Analisar a ativação muscular mediante a captação do estímulo elétrico enviado pelo sistema nervoso, o qual gera a contração do músculo. Essa técnica é denominada eletromiografia (EMG).

Entre as técnicas citadas, a EMG é a mais aceita na comunidade científica para a análise da função muscular. A EMG será utilizada como forma de **ilustração** da ativação muscular nos capítulos a seguir. É importante o entendimento técnico do sinal eletromiográfico.

O músculo esquelético é formado por fibras musculares agrupadas em unidades motoras (UM), compostas por fibras com características semelhantes e inervadas pelo mesmo neurônio motor. A contração muscular é proveniente da ativação de várias UM, e a intensidade dessa contração depende do número de UM acionadas e da freqüência dos impulsos elétricos enviados para cada uma delas.

O sinal elétrico que se propaga pelas unidades motoras diante de uma contração muscular é captado e representado graficamente pela EMG, permitindo, dessa forma, identificar os músculos ativados durante um determinado exercício e representando, ainda que de forma indireta, a intensidade da contração muscular. Sobre esse aspecto, cabe salientar que, apesar da existência de vários estudos que correlacionam o trabalho mecânico muscular e a EMG, não é consenso na literatura a relação linear entre EMG e força muscular. Alguns estudos apontam para o fato de a linearidade ocorrer com maior intensidade em contrações isométricas, o que não acontece sob contrações dinâmicas. Entre as variáveis que podem afetar a linearidade estão incluídas: a morfologia do músculo avaliado – composição de fibras lentas e rápidas e ângulo de penação dessas fibras –; a preparação e a colocação dos eletrodos na pele; o comprimento muscular; a velocidade e o tempo de execução do movimento; a fadiga muscular; as condições de treinamento dos sujeitos submetidos à técnica, bem como as características mecânicas da carga externa.

A captação do sinal EMG pode ser realizada de duas formas: através de eletrodos de superfície ou de eletrodos de profundidade (agulha ou fio). Limitação importante dos eletrodos de profundidade é o fato de a técnica ser invasiva, restringindo-se mais a estudos de natureza clínica. A maioria das pesquisas envolvendo EMG é realizada com eletrodos de superfície. Apenas os músculos superficiais são monitorados. Com isso, a análise da participação muscular nos diferentes exercícios, utilizando essa técnica, é apenas parcial. Isso porque os músculos profundos envolvidos no movimento não podem ser monitorados. Entre os fatores que interferem no sinal EMG já citados anteriormente, a carga externa e o comprimento muscular exercem um papel importante. Este último afeta o sinal em função da participação dos componentes elásticos do músculo na contração muscular e da possibilidade de menor ou maior ligação entre as proteínas contráteis. Quanto maior o alongamento muscular, maior a contribuição do componente elástico e menor a contribuição das pontes cruzadas protéicas. A EMG não capta o trabalho mecânico produzido pelo componente elástico. A relação que se estabelece é outra: à medida que aumenta a participação desse componente e diminui a participação das pontes cruzadas, o sinal EMG diminui. Por outro lado, quanto maior o encurtamento muscular, maior é a sobreposição de pontes cruzadas e, portanto, maior é a dificuldade de produção de trabalho mecânico. Torna-se necessário o recrutamento de maior número de UM. Conseqüentemente, observa-se maior magnitude do sinal EMG.

No que se refere à carga externa dos equipamentos, a sobrecarga imposta aos músculos provoca a ativação de maior número de UM e também aumenta a freqüência de disparo dos estímulos elétricos, elevando a amplitude do sinal EMG. Da mesma forma, a sobrecarga estimula a ativação não só de músculos considerados motores primários em certos movimentos, mas também a ativação dos músculos de ação secundária para os mesmos movimentos. Portanto, a sobrecarga modifica a sinergia muscular na maioria dos movimentos.

Outro aspecto importante a ser ressaltado em relação à EMG é a impossibilidade de comparação de sinais EMGs de músculos diferentes, observada pela diferença na área de secção transversa muscular, na composição e no ângulo de penação das fibras desses músculos. A única possibilidade aceita para essa comparação é pela normalização do sinal EMG, ou seja, a partir da mensuração de seu sinal máximo em cada músculo e posterior relativização do sinal avaliado em determinado movimento.

Após esse breve esclarecimento sobre a EMG, passamos a descrever a forma como a EMG foi utilizada com fins ilustrativos no decorrer dos próximos capítulos. A captação do sinal EMG foi realizada com um mesmo sujeito nos diferentes exercícios ou nas diferentes variações do mesmo exercício. Os eletrodos de superfície foram posicionados sobre o ventre muscular e não foram retirados do local até que as coletas necessárias para comparação desse músculo nos diferentes exercícios fossem concluídas.

A relação entre a representação gráfica da EMG e a carga externa foi observada para efeito de algumas considerações apresentadas, tendo sido, para tanto, controlados a padronização na preparação e na colocação dos eletrodos, o tempo de realização dos movimentos, o comprimento muscular inicial, bem como a carga externa. Esta última foi estabelecida através do teste de uma repetição máxima (1 RM), que, segundo Knutgen e Kraemer (1987), é a máxima carga movimentada com técnica adequada e em toda a amplitude do movimento específico.

Nas situações em que se procurou comparar a ativação muscular entre as variações do mesmo exercício, a aquisição dos sinais foi realizada com a carga máxima (1 RM) desses exercícios e com o mesmo tempo de execução padronizado em seis segundos (divididos igualmente entre as fases concêntrica e excêntrica). A quantificação do sinal EMG foi realizada por meio do procedimento *root mean square* (RMS), que mede o comportamento do sinal elétrico registrado em um tempo específico, que, nesse caso, foi de seis segundos. Serão mencionadas no texto as situações em que a aquisição do sinal não seguiu esse padrão. O valor RMS foi utilizado por ser um dos aspectos analisados na EMG que se relaciona com a intensidade de ativação muscular.

Aspectos biomecânicos

Alguns aspectos da biomecânica manifestam-se de forma muito característica no treinamento de força. Um dos principais diz respeito aos sistemas de alavancas, representados tanto em segmentos corporais como em equipamentos. Para melhor compreender algumas questões discutidas na apresentação e na análise dos exercícios, é necessário uma exposição prévia da organização e dos princípios desses sistemas de alavancas.

Definição

Alavanca é um sistema constituído por uma haste rígida que gira ao redor de um eixo.

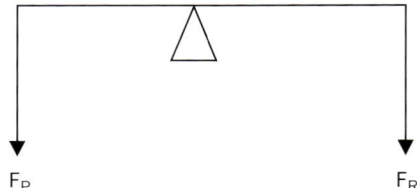

Componentes

Componentes primários
- Forças que atuam sobre a alavanca
- Eixo de rotação (ponto fixo ou eixo de giro)

A denominação das forças normalmente varia conforme o objetivo de aplicação da alavanca, podendo ser denominadas de força 1, força 2 ou força A e força B, e assim consecutivamente. No caso do corpo humano, as forças normalmente são chamadas de força potente (força exercida pelo músculo) e força resistente (força que resiste ao movimento gerado pelo músculo). A força resistente está relacionada à massa do segmento e à carga externa.

Componentes secundários
- Braços de alavanca

A denominação de braço de alavanca é utilizada para a distância **perpendicular** do ponto de aplicação da força ao eixo de rotação. Para facilitar o entendimento, o braço de potência (bp) é a distância perpendicular relacionada à força potente, e o braço de resistência (b_R) consiste na distância perpendicular relacionada à força resistente.

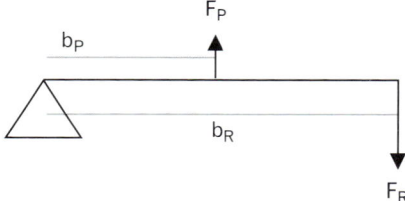

Classificação

As alavancas são classificadas em:

1| Alavancas de primeira classe ou interfixas

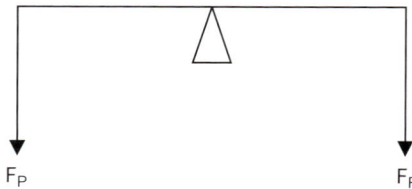

2| Alavancas de segunda classe ou inter-resistentes

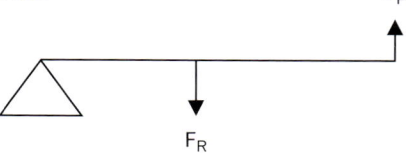

3| Alavancas de terceira classe ou interpotentes

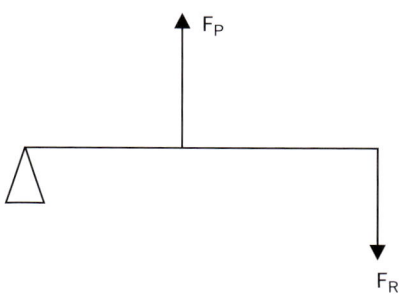

A segunda nomenclatura que determina o tipo de alavanca é descrita em função do componente primário que se encontra entre os demais. Por exemplo, na alavanca interfixa, o ponto fixo localiza-se entre as forças potente e resistente.

Vantagens mecânicas

As alavancas podem apresentar dois tipos de vantagem, de acordo com o comprimento dos braços de alavanca:

1| Vantagem de força
O braço de potência **é maior** que o braço de resistência. $b_P > b_R$

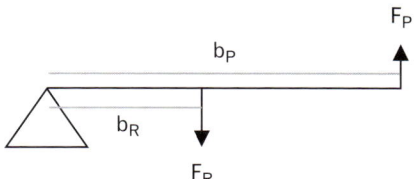

2| Vantagem de velocidade
O braço de potência **é menor** que o braço de resistência. $b_P < b_R$

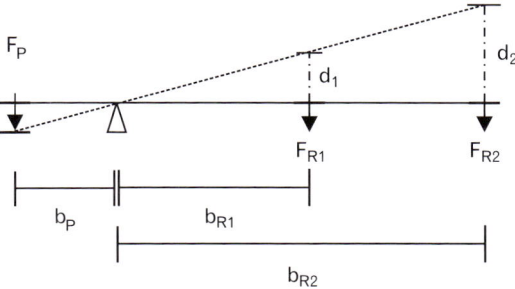

Obs.: Analisando a figura, percebe-se que, quanto mais distante está a força resistente do eixo de rotação, maior é a distância percorrida. Como o tempo para percorrer as diferentes distâncias é o mesmo, a velocidade na d_2 será maior.

Torque

Para estabelecer o movimento rotacional resultante da aplicação das forças, é necessário efetuar o cálculo do torque gerado por elas.

Torque nada mais é que o efeito rotatório gerado pela aplicação de uma força. Algebricamente, torque é o produto da força pela distância **perpendicular** do ponto de aplicação da força ao eixo de rotação.

$$T = F \times d \text{ (perpendicular)}$$

F = força (newtons)
d = distância (metros)

No corpo humano, assim como nos equipamentos de musculação, à medida que se desenvolve o movimento, o ângulo do ponto de aplicação da força com relação à haste rígida altera-se. Isso significa que a distância perpendicular se modifica ao longo do movimento. Essa modificação ocorre tanto em relação à força potente como em relação à força resistente; na musculação, é necessário identificar os efeitos dessas mudanças na produção de força muscular.

Alavancas do corpo humano

Para compreender as alavancas do corpo humano, é necessário identificar os componentes corporais que representam cada um dos componentes das alavancas.

Componentes das alavancas	Componentes corporais
Haste rígida	Segmento corporal envolvido no movimento
Ponto fixo ou eixo de rotação	Articulação
Força potente	Força muscular (representada no local de inserção do músculo)
Força resistente	Peso dos segmentos corporais envolvidos no movimento (representado no centro de gravidade dos segmentos) + carga adicional (representada no centro de gravidade do objeto)

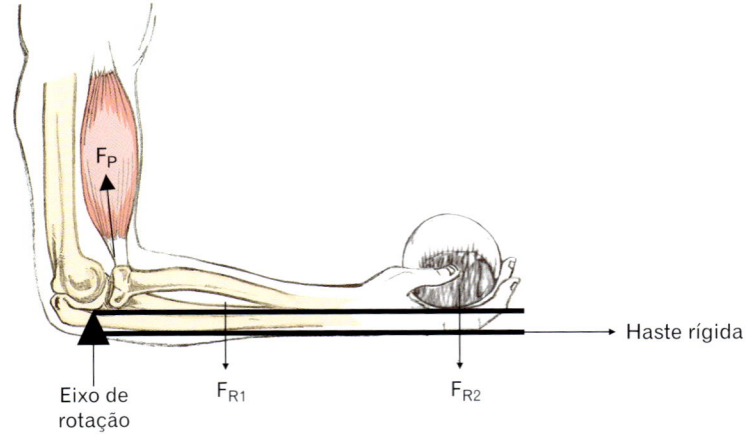

Ângulos diferentes de 90°

Quando a linha de aplicação da força forma um ângulo de 90° com a haste rígida, é necessário apenas medir sua distância em relação ao eixo de rotação para calcular o torque. No entanto, quando o ângulo formado é diferente de 90°, relações trigonométricas estabelecem a distância perpendicular da aplicação da força ou o valor do componente da força perpendicular à haste rígida.

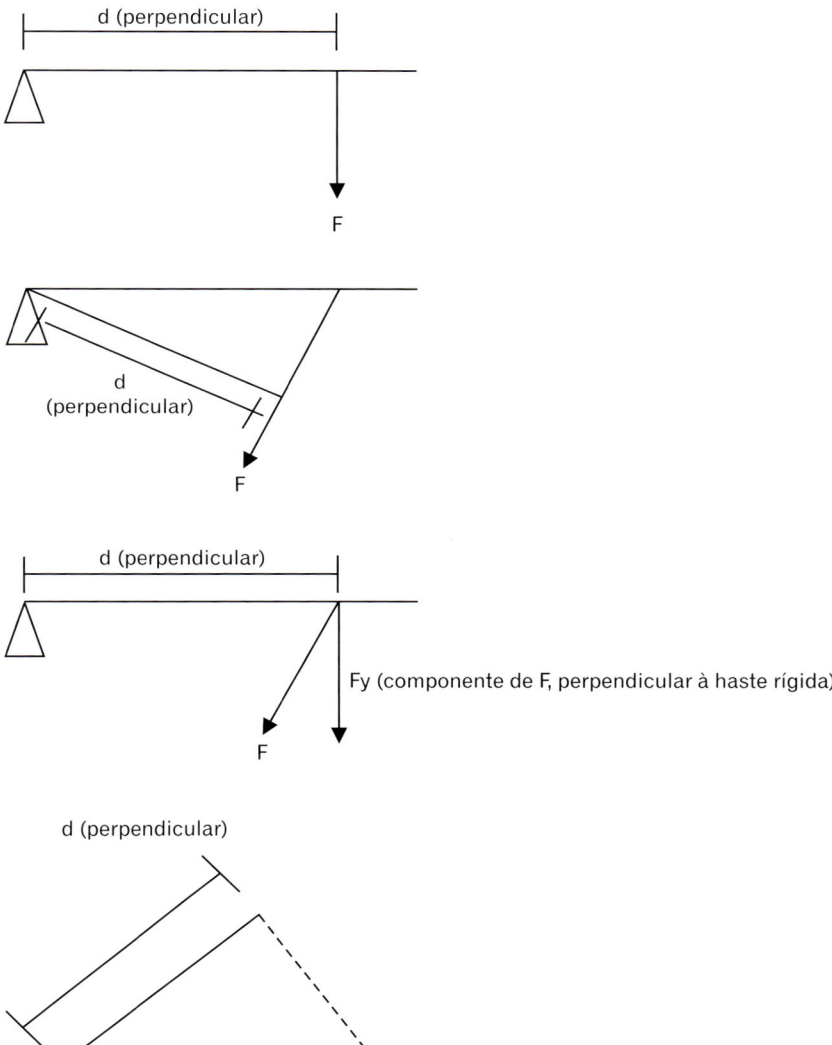

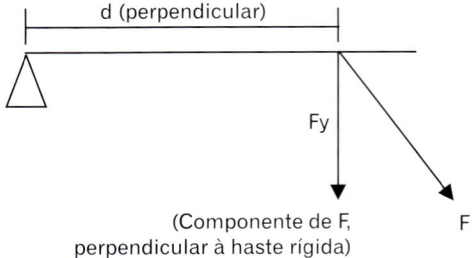

A análise do funcionamento dos equipamentos de musculação em relação à variação da distância perpendicular ou do componente de força pode ser útil na seleção dos exercícios para o programa de treino do aluno. Como exemplo, considere algumas questões relacionadas ao exercício de extensão do joelho em duas situações: com a caneleira e na mesa extensora.

Caneleira

Caneleira a 90° (joelho)

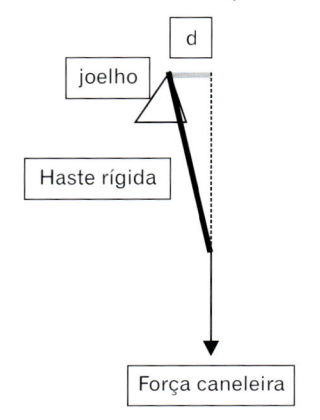

Caneleira a 180° (joelho)

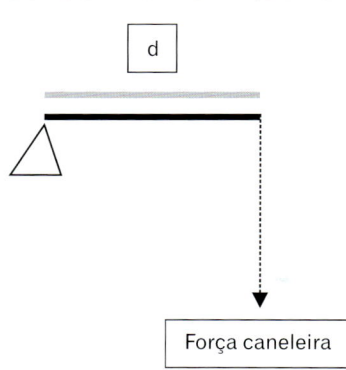

Ao analisar o exercício realizado com caneleira, identifica-se distância perpendicular maior na posição em que o joelho está estendido. Sendo assim, o torque produzido pela resistência nessa posição é maior do que na posição com o joelho flexionado, o que torna necessário produzir mais força muscular com o joelho estendido. Portanto, à medida que o joelho é gradualmente estendido, é necessária maior produção de força dos extensores do joelho.

Mesa extensora

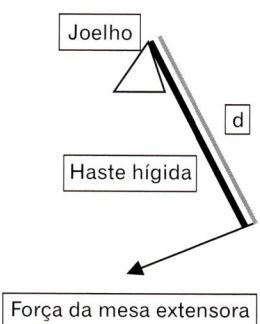

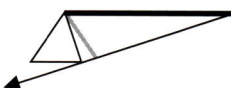

No caso da mesa extensora, identifica-se distância perpendicular maior na posição em que o joelho está flexionado. Nessa posição, o torque produzido é maior do que na posição com o joelho estendido, sendo necessária maior produção de força muscular com o joelho flexionado. À medida que o joelho é estendido, a necessidade de produção de força muscular vai progressivamente diminuindo. Se o objetivo do treino for fortalecer de forma mais expressiva o músculo vasto medial, a melhor opção é a utilização da caneleira. Com a caneleira, a maior resistência ocorre no final da extensão, e o vasto medial atua de forma mais significativa nos últimos graus de extensão do joelho.

Polias excêntricas

As polias excêntricas, também chamadas polias de raio variável ou CAMs, foram criadas com o objetivo de minimizar a variação na produção de força muscular durante toda a amplitude de movimento, ocorrida em função das alterações na mecânica musculoarticular. O formato da polia altera a distância perpendicular de aplicação da força ao longo do movimento, o que modifica o torque de resistência transmitido pela polia do equipamento. Essas alterações têm por objetivo compensar as alterações constantes da mecânica musculoarticular ao longo do movimento. Isso quer dizer que a resistência diminui proporcionalmente à desvantagem mecânica musculoarticular, o que possibilita aos músculos produzir uma tensão mais uniforme ao longo do movimento (Baechle e Earle, 2001; Zechin e cols., 1999).

Polias excêntricas ou de raio variável (CAMs)

Posição inicial
(menor torque de resistência)

Posição final
(maior torque de resistência)

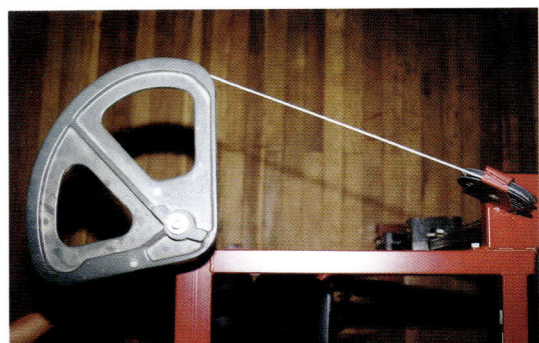

Polias concêntricas ou de raio invariável

Considerações sobre os próximos capítulos

A ação muscular é resultado da interação dos fatores fisiológicos e biomecânicos. Já o resultado final da ativação do músculo depende da predominância de um desses fatores. Essa consideração é fundamental no momento da análise e da seleção dos exercícios. Tal prevalência não é simples e merece avaliação mais criteriosa, o que não constitui o propósito deste livro.

Os exercícios serão sempre analisados na seguinte ordem: foto ilustrativa; principais articulações envolvidas; análise cinesiológica; variações e considerações. Além disso, serão apresentados os sinais EMGs para fins descritivos e para reforçar a análise proposta.

- **Foto ilustrativa:** serão apresentadas as fotos das posições mais utilizadas para a execução dos exercícios.
- **Principais articulações envolvidas:** serão analisadas as articulações efetivamente movimentadas na execução dos exercícios.
- **Análise cinesiológica:** serão descritos os músculos responsáveis pelos movimentos, divididos em primários e secundários, seguindo os padrões apresentados por Rasch e Burke (1977). Os músculos primários estarão representados pela cor verde escura; os músculos considerados secundários, pela cor verde clara. A nomenclatura muscular baseou-se na Terminologia Anatômica da Sociedade Brasileira de Anatomia (2001).

Obs.: É importante ressaltar que as técnicas para estabelecer a função primária ou secundária dos músculos não estão claras na literatura, sendo que a sobrecarga imposta ao movimento dificulta ainda mais essa divisão. Tem-se apenas como consenso que os exercícios realizados com sobrecarga potencializam a participação de músculos tidos como secundários.

- **Variações:** serão apresentadas as principais variações na execução dos exercícios, identificando as alterações que produzem no padrão de ativação muscular.
- **Considerações:** será apresentada a discussão de algumas dúvidas freqüentemente observadas na prática, seguindo pressupostos teóricos do meio acadêmico. Serão acrescentados, ao longo do texto, aspectos importantes relacionados ao ponto de vista dos autores.
- **Sinais EMGs:** serão apresentados os sinais eletromiográficos com o objetivo de ilustrar as mudanças na ativação muscular sob diferentes exercícios. Nas situações em que se procurou comparar a ativação muscular entre as variações do mesmo exercício, a aquisição dos sinais foi realizada com a carga máxima (1 RM) desses exercícios e com o mesmo tempo de execução, padronizado em seis segundos (divididos igualmente entre as fases concêntrica e excêntrica). A quantificação do sinal EMG foi realizada por meio do procedimento *root mean square* (RMS), que mede a área do sinal elétrico em um tempo específico, que, nesse caso, foi de seis segundos. Serão mencionadas no texto as situações em que a determinação do sinal não seguiu esse padrão.

> Os sinais EMGs nos exercícios específicos não foram normalizados e são apresentados apenas com finalidade descritiva. Portanto, a comparação entre músculos diferentes não deve ser feita, podendo apenas ser possível a comparação entre os resultados do mesmo músculo em diferentes exercícios.

capítulo 2

MEMBROS SUPERIORES

sumário
. . . .

supino / 24

remada alta / 32

remada baixa / 36

voador direto (frontal) / 40

voador invertido (dorsal) / 50

puxadas / 58

puxada inclinada / 64

elevação lateral / 68

desenvolvimento incompleto (meio desenvolvimento) / 76

rosca bíceps / 82

rosca tríceps / 88

rotação externa / 96

SUPINO

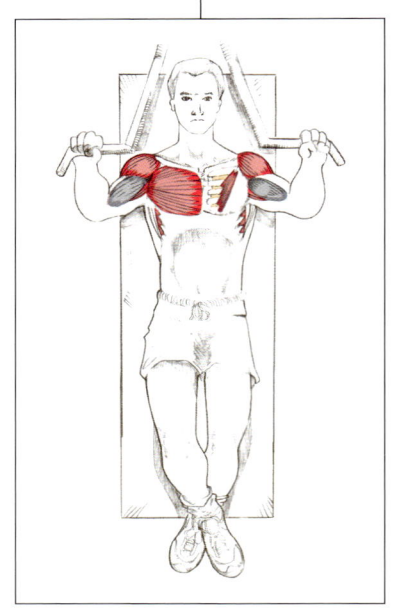

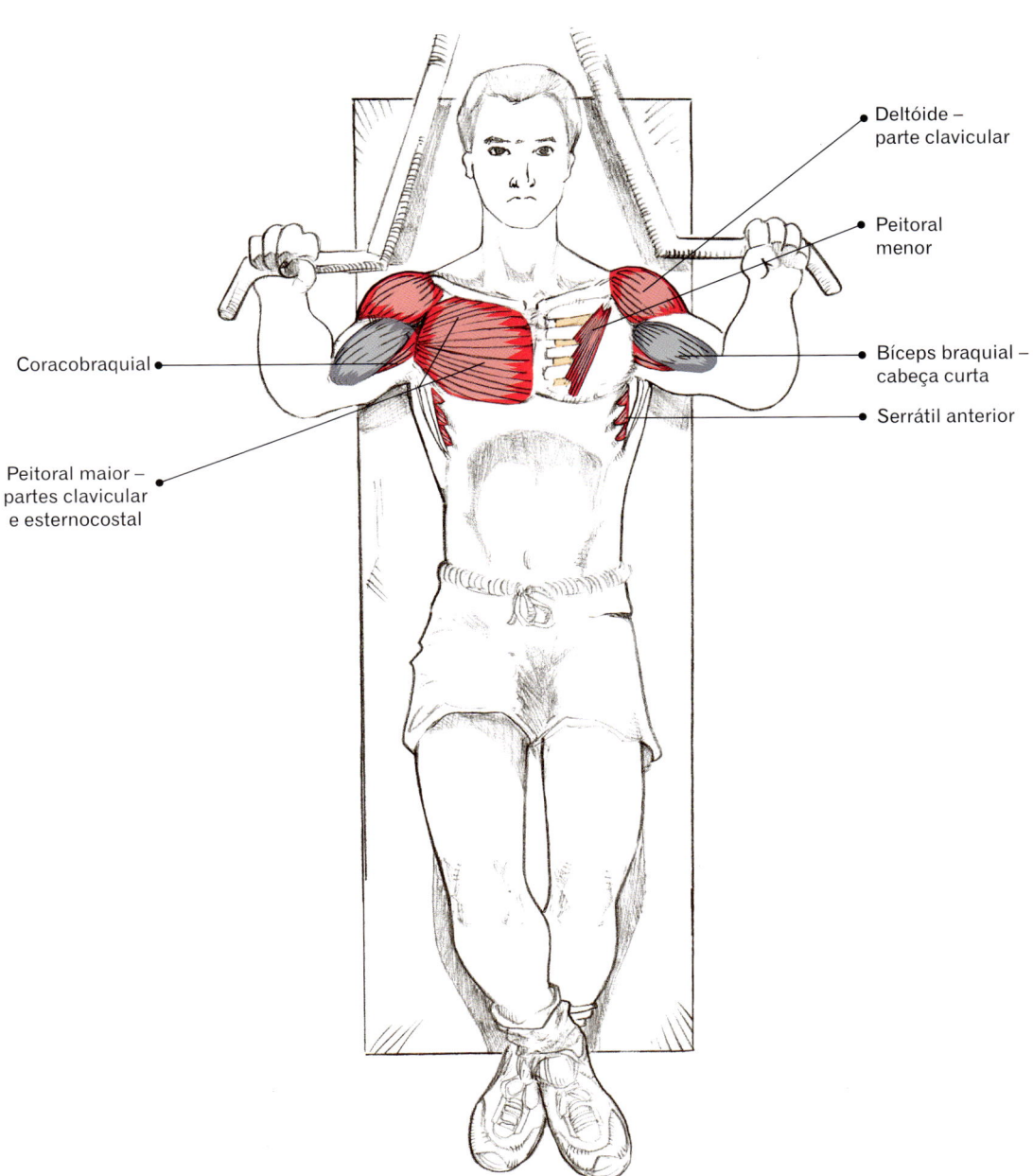

Principais articulações envolvidas
- Ombro
- Cintura escapular
- Cotovelo

Análise cinesiológica

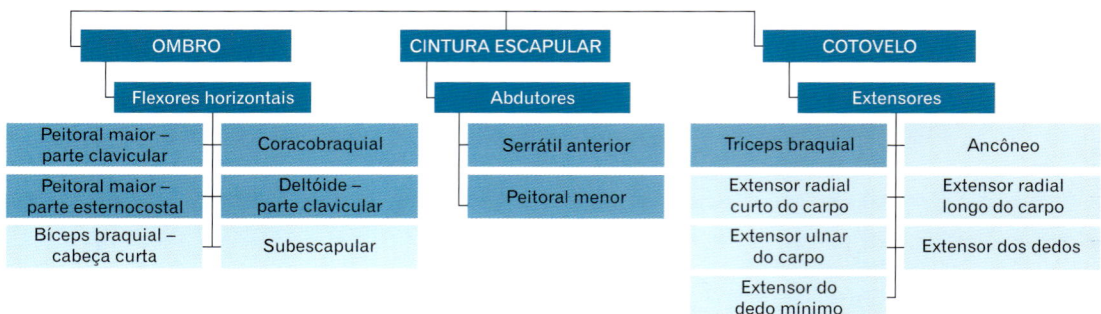

Variações

O exercício supino pode ser realizado com variações na inclinação do banco – que interferem na ativação das diferentes partes do peitoral maior (Glass e Armstrong, 1997; Barnett, Kippers e Turner, 1995; Stephen e Armstrong, 1997) – e nas formas de empunhadura – que interferem na contribuição do tríceps braquial para a execução do exercício.

Obs.: A inclinação do banco utilizada para coleta do sinal EMG, tanto na posição inclinada como na declinada, foi de 30°.

Inclinação do banco
- Reto
- Inclinado
- Declinado

Reto
Em comparação com os supinos inclinado e declinado:
- A intensidade do trabalho do peitoral maior (parte clavicular e esternocostal) é mais equilibrada.

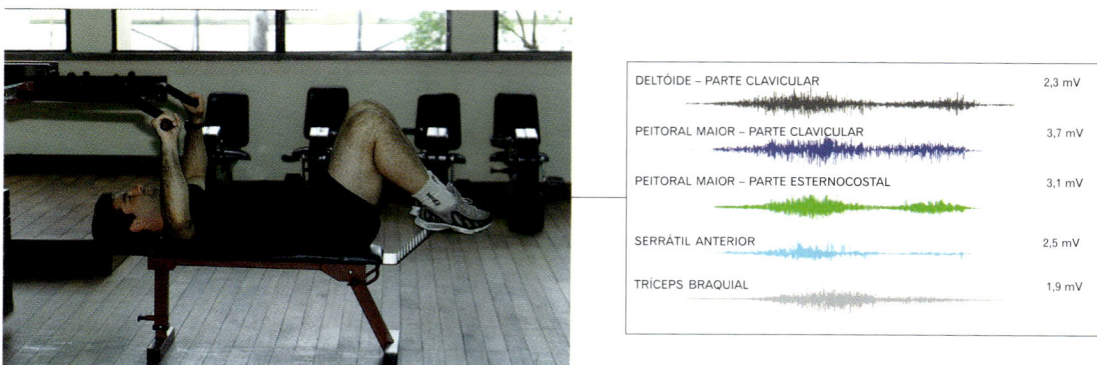

membros superiores 27

Inclinado

Em comparação com o supino declinado:

- A intensidade do trabalho do peitoral maior (parte clavicular) é ↑.
- A intensidade do trabalho do peitoral maior (parte esternocostal) é ↓.
- A intensidade do trabalho do deltóide (parte clavicular) é ↑.

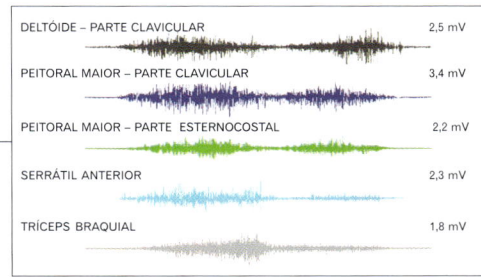

DELTÓIDE – PARTE CLAVICULAR	2,5 mV
PEITORAL MAIOR – PARTE CLAVICULAR	3,4 mV
PEITORAL MAIOR – PARTE ESTERNOCOSTAL	2,2 mV
SERRÁTIL ANTERIOR	2,3 mV
TRÍCEPS BRAQUIAL	1,8 mV

Declinado

Em comparação com o supino inclinado:

- A intensidade do trabalho do peitoral maior (parte clavicular) é ↓.
- A intensidade do trabalho do peitoral maior (parte esternocostal) é ↑.
- A intensidade do trabalho do deltóide (parte clavicular) é ↓.

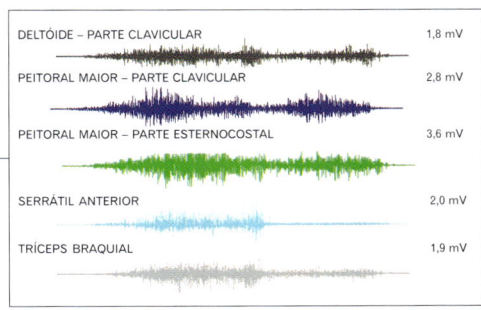

DELTÓIDE – PARTE CLAVICULAR	1,8 mV
PEITORAL MAIOR – PARTE CLAVICULAR	2,8 mV
PEITORAL MAIOR – PARTE ESTERNOCOSTAL	3,6 mV
SERRÁTIL ANTERIOR	2,0 mV
TRÍCEPS BRAQUIAL	1,9 mV

28 supino

Empunhadura
- Fechada
- Aberta

Fechada
Em comparação com a empunhadura aberta:
- A amplitude de movimento do cotovelo é ↑.
- A amplitude de movimento da cintura escapular e do ombro é ↓.
- A intensidade do trabalho dos extensores do cotovelo é ↑.
- A intensidade do trabalho dos flexores horizontais do ombro e dos abdutores da cintura escapular é ↓.

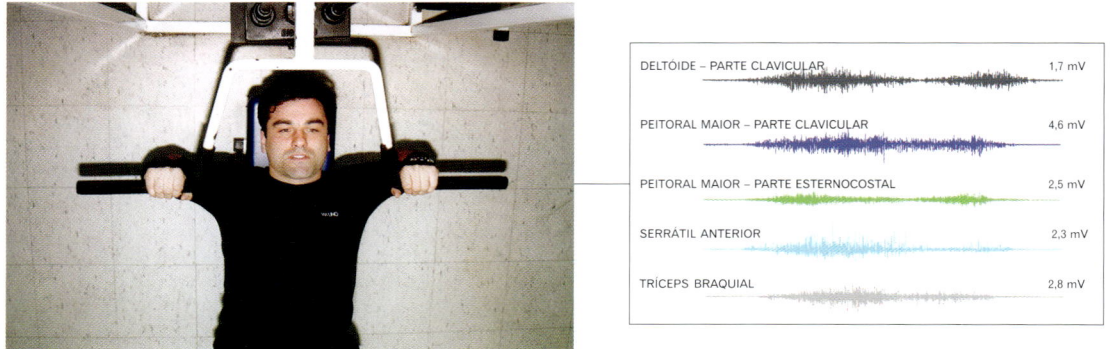

Aberta
Em comparação com a empunhadura fechada:
- A amplitude de movimento do cotovelo é ↓.
- A amplitude de movimento da cintura escapular e do ombro é ↑.
- A intensidade do trabalho dos extensores do cotovelo é ↓.
- A intensidade do trabalho dos flexores horizontais do ombro e dos abdutores da cintura escapular é ↑.

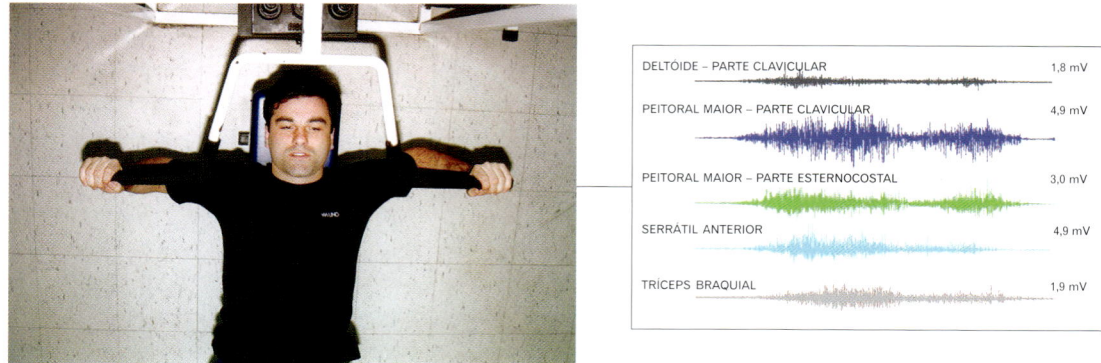

Considerações

Outra forma de execução da empunhadura fechada

A difícil execução da empunhadura fechada, considerada clássica, em função do posicionamento do punho, pode acarretar uma adaptação na forma de execução do exercício, alterando cinesiologicamente o movimento. Enquanto na primeira situação ocorre o movimento de flexão horizontal do ombro e de abdução da cintura escapular, na posição adaptada ocorre o movimento de flexão do ombro e a rotação superior da cintura escapular. Essa mudança intensifica a ativação dos músculos peitoral maior (parte clavicular), deltóide (parte clavicular) e serrátil anterior na posição adaptada.

Pegada fechada clássica

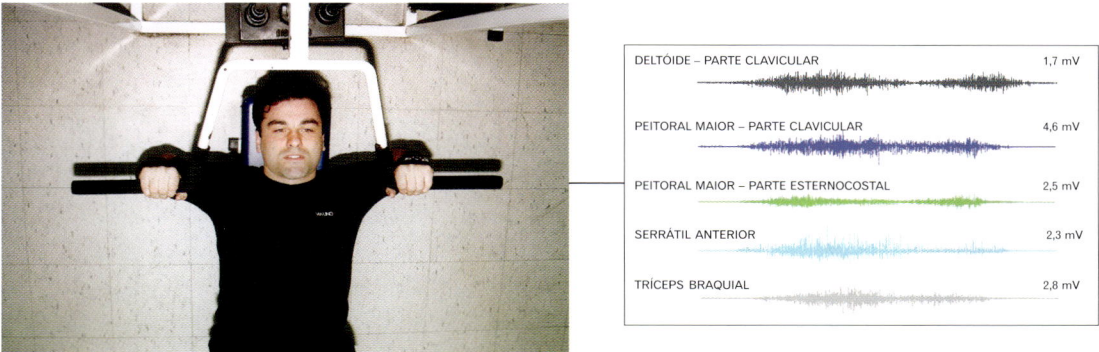

Pegada fechada adaptada

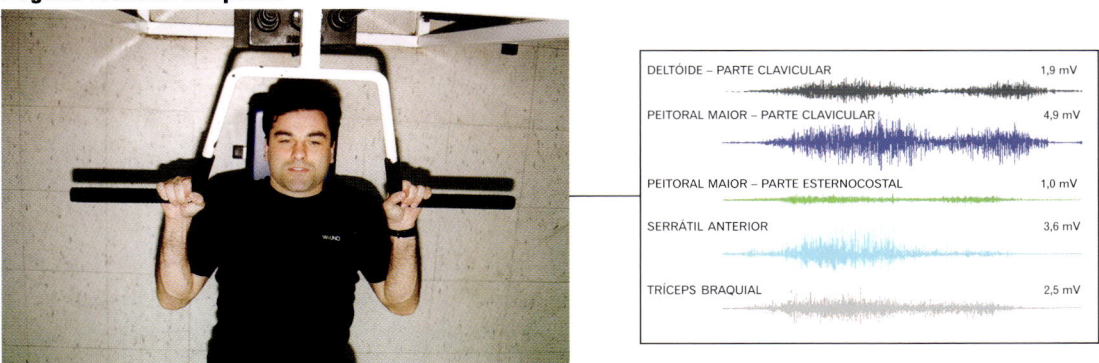

Acentuação ou não da abdução da cintura escapular

O exercício supino pode ser realizado acentuando-se ou não a abdução da cintura escapular no final da fase concêntrica (flexão horizontal do ombro). Quando isso ocorre, o nível de ativação dos abdutores da cintura escapular (serrátil anterior e peitoral menor) é intensificado, reforçando, ainda mais, esse grupo muscular.

Abdução da cintura escapular

Acentuação da abdução da cintura escapular

> Isso pode proporcionar um desequilíbrio muscular, aumentando a tendência de deslocamento anterior da cintura escapular e predispondo a uma protrusão de ombros. Essa forma de execução não é indicada para indivíduos que apresentam essa alteração postural. Nas demais situações, deve vir acompanhado de exercícios compensatórios (voador invertido, remada alta, puxada inclinada, entre outros).

Participação sinérgica do deltóide (parte clavicular) e do peitoral maior

A posição neutra da articulação do ombro (posição intermediária entre as rotações interna e externa do ombro) durante a execução do supino reto (p. 26) favorece a ativação do deltóide (parte clavicular) quando comparada a outros exercícios que envolvem a flexão horizontal associada a rotações internas ou externas. Maiores discussões são realizadas no voador direto (p. 46).

A respiração interfere na ativação muscular?

A respiração ativa (inspiração durante a fase concêntrica e expiração na fase excêntrica) intensifica o trabalho do serrátil anterior e do peitoral menor, tendo em vista a participação dos mesmos na fase de inspiração do ciclo respiratório. Apesar disso, não há diferença no nível de ativação muscular, provavelmente por esses músculos serem acessórios da respiração. Dessa forma, o sinal EMG não será apresentado.

O supino é adequado para a postura?

Tendo em vista que os músculos flexores horizontais do ombro são também rotadores internos da articulação (secundariamente), a realização desse exercício propicia um desequilíbrio anterior da articulação devido à rotação interna do ombro. Dessa forma, a tendência de rotação interna de ombro é acentuada e, estando freqüentemente associada à abdução da cintura escapular, predispõe à hipercifose dorsal.

REMADA ALTA

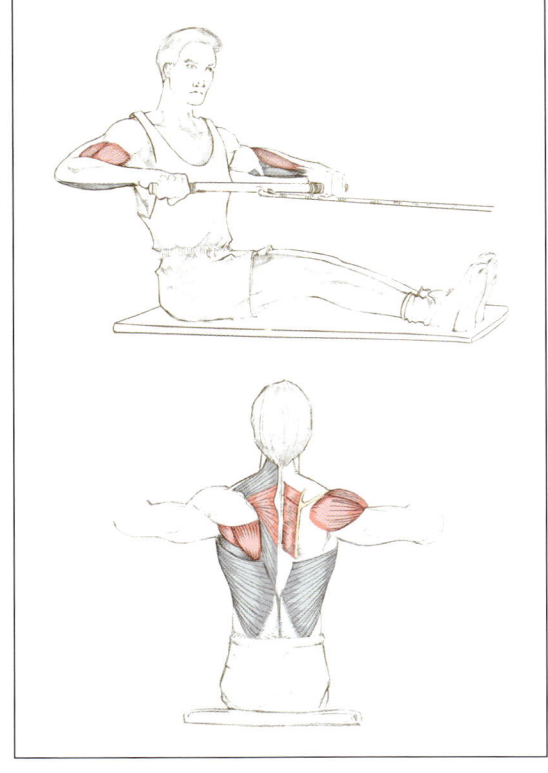

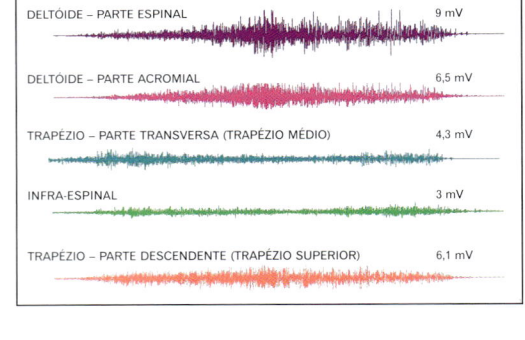

DELTÓIDE – PARTE ESPINAL	9 mV
DELTÓIDE – PARTE ACROMIAL	6,5 mV
TRAPÉZIO – PARTE TRANSVERSA (TRAPÉZIO MÉDIO)	4,3 mV
INFRA-ESPINAL	3 mV
TRAPÉZIO – PARTE DESCENDENTE (TRAPÉZIO SUPERIOR)	6,1 mV

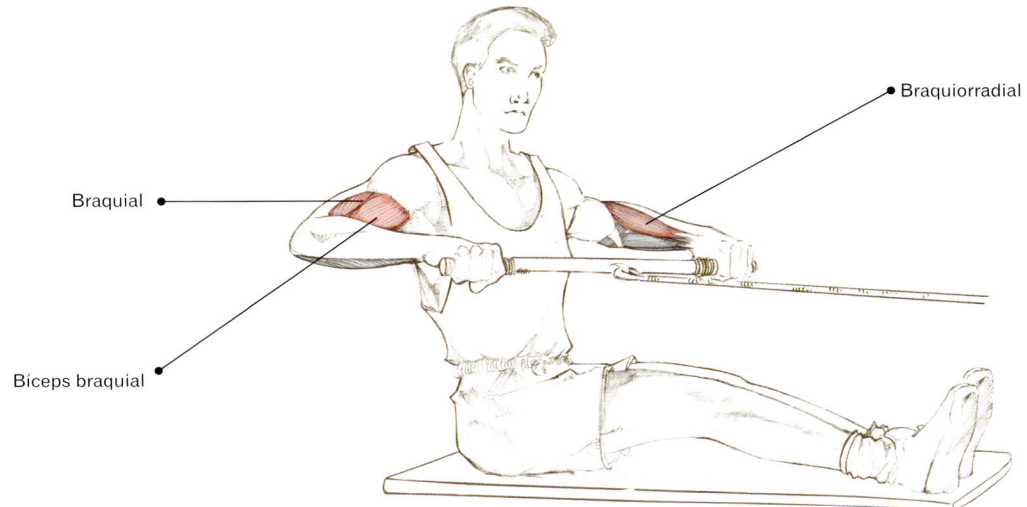
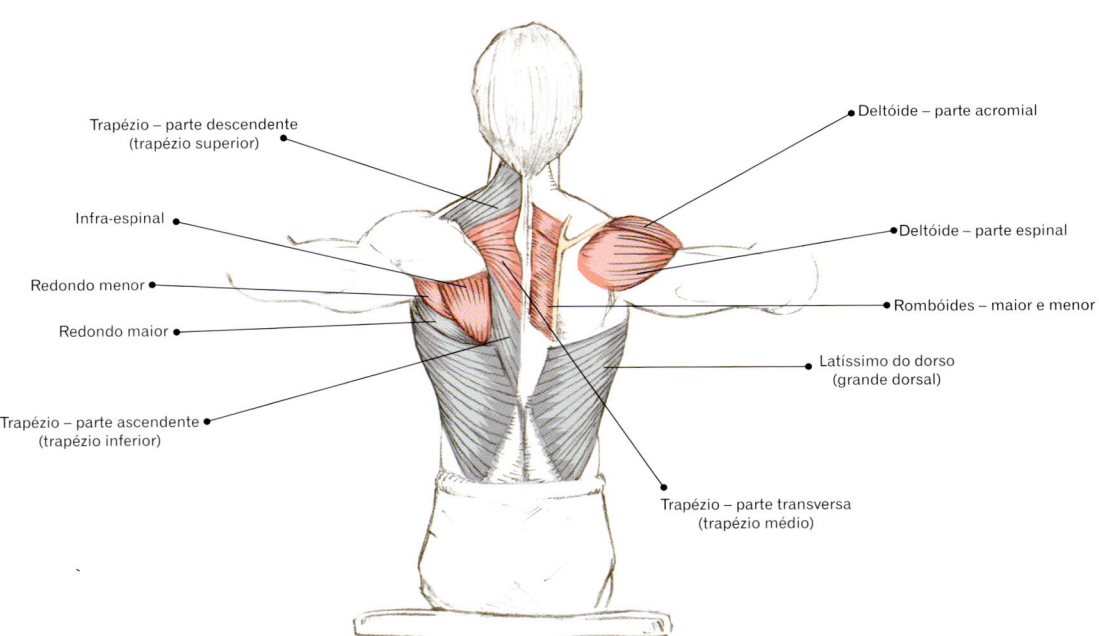

Principais articulações envolvidas

- Ombro
- Cintura escapular
- Cotovelo

Análise cinesiológica

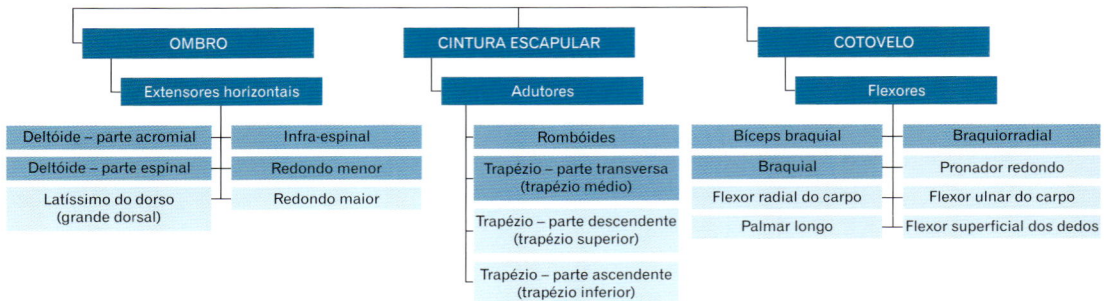

Variações

A possibilidade de variação ocorre somente na articulação radiulnar, que pode ser mantida pronada ou supinada. Essa mudança irá interferir na ativação dos flexores do cotovelo, não ocasionando maiores influências nos demais grupos musculares envolvidos. O efeito da variação de posição da articulação radiulnar e a sua influência na ativação dos flexores do cotovelo serão abordados no exercício rosca bíceps (p. 82).

Considerações

A remada alta é adequada para a postura?

O equilíbrio entre os grupos musculares agonistas e antagonistas é determinante no controle da postura corporal. No caso específico do ombro e da cintura escapular, é importante observar a relação de dependência entre essas articulações, os movimentos do ombro são sempre acompanhados de movimentos específicos da cintura escapular (Lehmkuhl, Weiss e Smith, 1997; Thompson e Floyd, 1997; Rasch e Burke, 1977).

A quantidade de equipamentos de musculação que dão prioridade ao trabalho dos músculos flexores horizontais e rotadores internos do ombro e, por conseqüência, dos abdutores da

Ombro	Cintura Escapular
Flexão (acima de 60°)	Rotação Superior
Extensão (até 60°)	Rotação Inferior
Hiperextensão	Elevação
Abdução (acima de 30°)	Rotação Superior
Adução (até 30°)	Rotação Inferior
Rotação Externa	*Adução*
Rotação Interna	*Abdução*
Flexão Horizontal	Abdução
Extensão Horizontal	Adução

cintura escapular é maior do que em relação aos respectivos antagonistas. Essa desproporção pode ser acentuada pela ativação dos músculos nas diferentes funções e não só naquelas relacionadas com o desvio postural. Exemplo: o reforço do redondo maior no movimento de adução pode acentuar a rotação interna do ombro.

Em relação à remada alta, ocorre um reforço dos adutores da cintura escapular, favorecendo a rotação externa dos ombros. Esse exercício é um dos poucos, nos equipamentos de musculação, que propicia um trabalho efetivo desses músculos.

> Nos indivíduos que apresentam hipercifose dorsal, situação na qual os músculos adutores da cintura escapular encontram-se alongados e/ou enfraquecidos, a realização da remada alta é indicada, pois compensa o desequilíbrio muscular existente.

Como fica a região cervical?

Durante a execução da remada alta, os músculos que realizam a rotação superior da cintura escapular encontram-se ativos para estabilizá-la. Entre eles, encontra-se o trapézio (parte descendente), que, por originar-se na base do crânio, na protuberância occipital e nos ligamentos posteriores do pescoço, traciona as vértebras cervicais superiores inferiormente, acentuando a lordose cervical. Se esse exercício for realizado com elevação acentuada da cintura escapular, essa tendência se intensifica.

Com elevação da cintura escapular

TRAPÉZIO – PARTE DESCENDENTE (TRAPÉZIO SUPERIOR)   5,9 mV

Sem elevação da cintura escapular

TRAPÉZIO – PARTE DESCENDENTE (TRAPÉZIO SUPERIOR)   3,5 mV

REMADA BAIXA

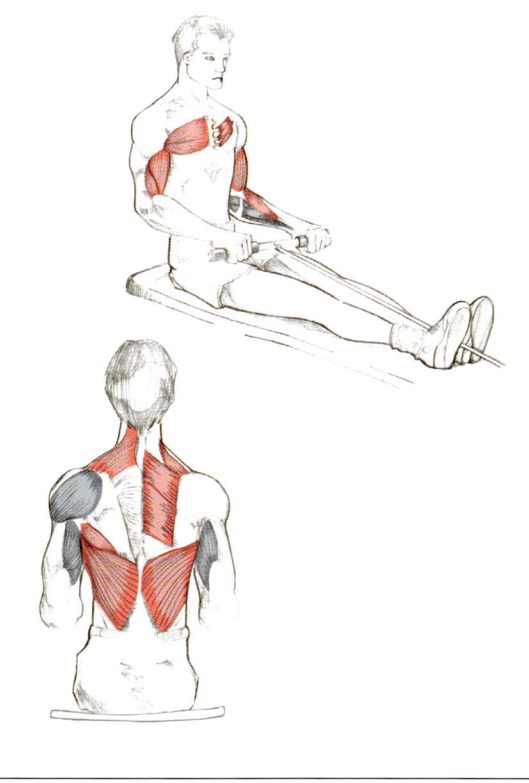

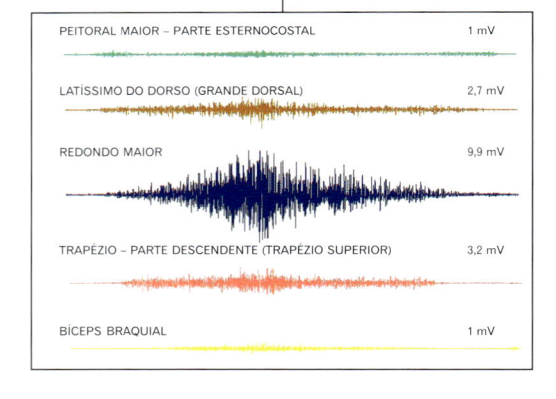

PEITORAL MAIOR – PARTE ESTERNOCOSTAL	1 mV
LATÍSSIMO DO DORSO (GRANDE DORSAL)	2,7 mV
REDONDO MAIOR	9,9 mV
TRAPÉZIO – PARTE DESCENDENTE (TRAPÉZIO SUPERIOR)	3,2 mV
BÍCEPS BRAQUIAL	1 mV

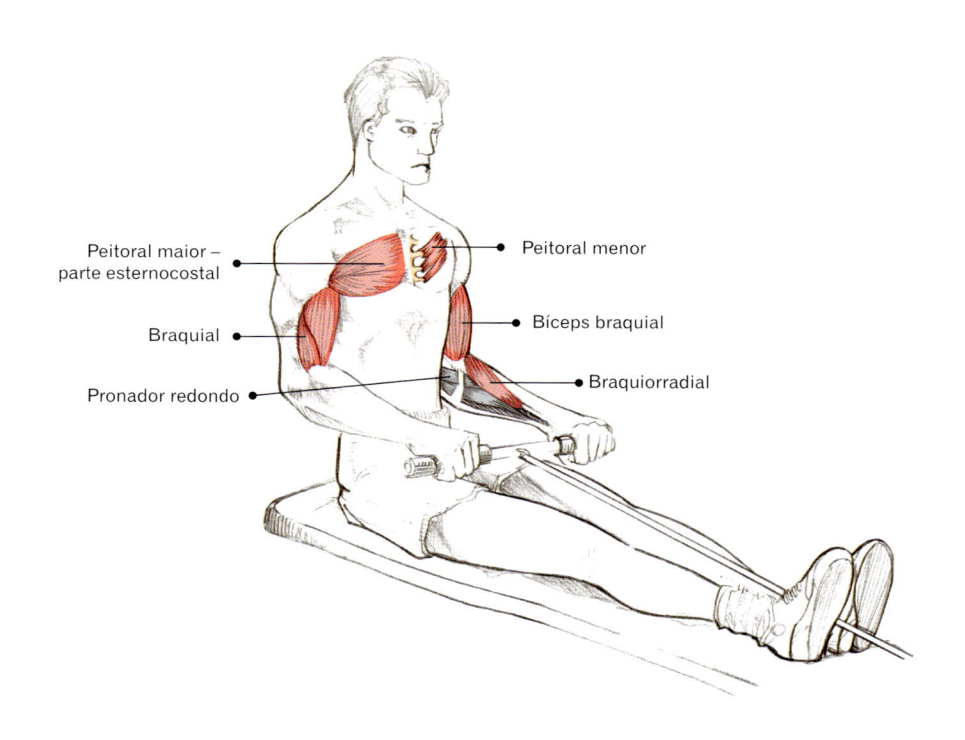

Peitoral maior –
parte esternocostal

Peitoral menor

Braquial

Bíceps braquial

Pronador redondo

Braquiorradial

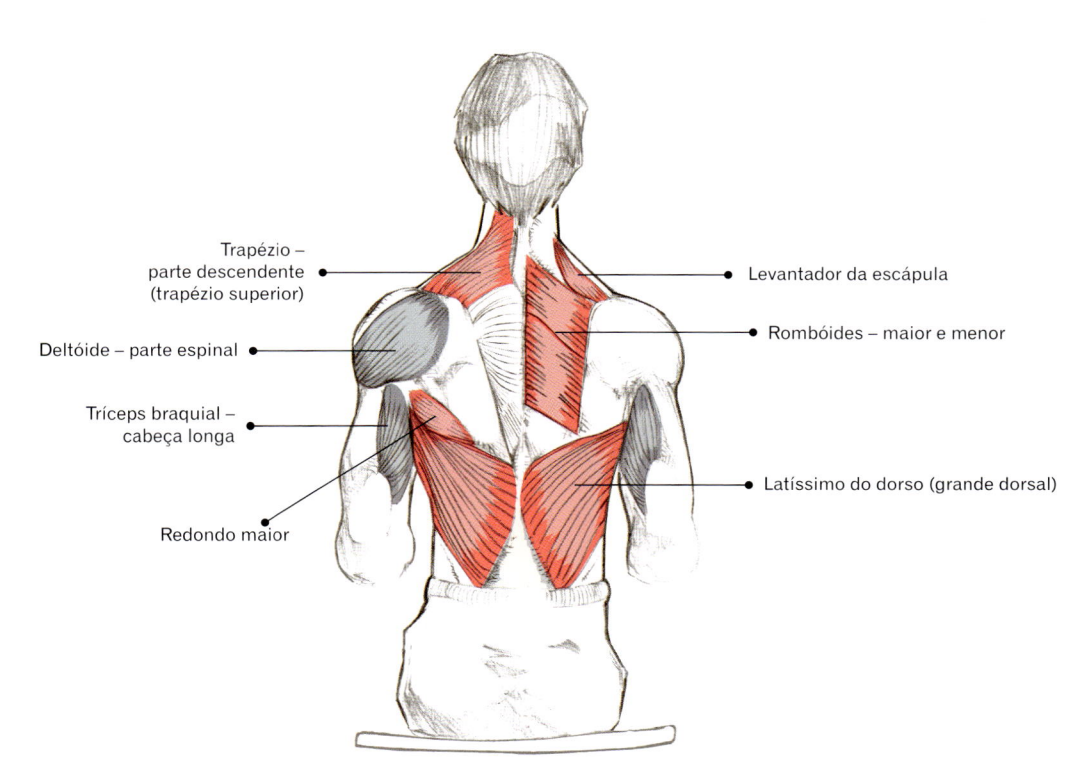

Trapézio –
parte descendente
(trapézio superior)

Levantador da escápula

Deltóide – parte espinal

Rombóides – maior e menor

Tríceps braquial –
cabeça longa

Redondo maior

Latíssimo do dorso (grande dorsal)

remada baixa

Principais articulações envolvidas
- Ombro
- Cintura escapular
- Cotovelo

Análise cinesiológica

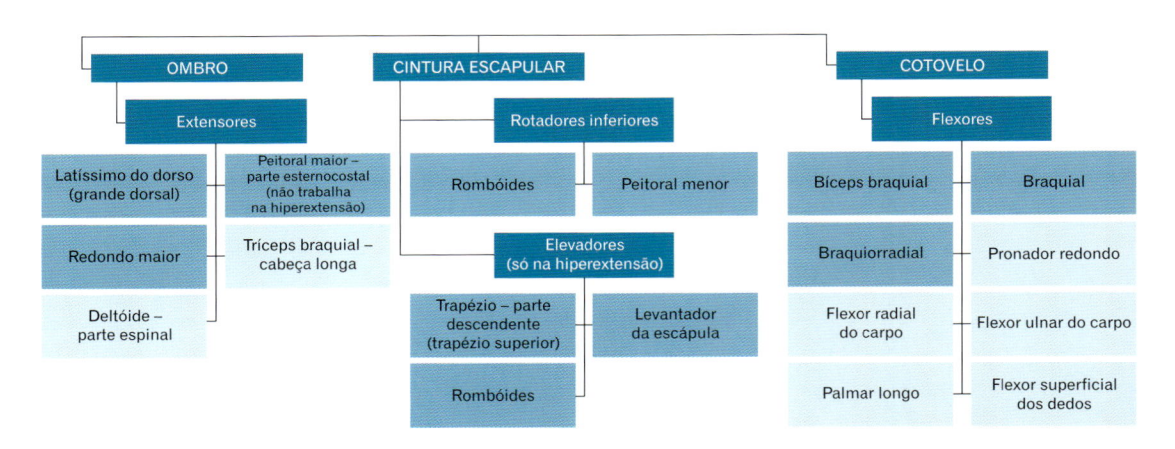

OMBRO		CINTURA ESCAPULAR		COTOVELO	
Extensores		**Rotadores inferiores**		**Flexores**	
Latíssimo do dorso (grande dorsal)	Peitoral maior – parte esternocostal (não trabalha na hiperextensão)	Rombóides	Peitoral menor	Bíceps braquial	Braquial
Redondo maior	Tríceps braquial – cabeça longa	**Elevadores (só na hiperextensão)**		Braquiorradial	Pronador redondo
Deltóide – parte espinal		Trapézio – parte descendente (trapézio superior)	Levantador da escápula	Flexor radial do carpo	Flexor ulnar do carpo
		Rombóides		Palmar longo	Flexor superficial dos dedos

Variações

A possibilidade de variação ocorre somente na articulação radiulnar, que pode ser mantida pronada ou supinada. Essa mudança irá interferir na ativação dos flexores do cotovelo, não ocasionando maior influência nos demais grupos musculares envolvidos. O efeito da variação de posição da articulação radiulnar e a sua influência na ativação dos flexores do cotovelo serão abordados no exercício rosca bíceps (p. 82).

Considerações

A remada baixa é adequada para a postura?

Tendo em vista que os músculos extensores do ombro são também rotadores internos da articulação (primária ou secundariamente), a realização desse exercício acaba por desequilibrar anteriormente a articulação.

> Dessa forma, a tendência de rotação interna do ombro e de abdução da cintura escapular é acentuada, favorecendo uma hipercifose dorsal.

Obs.: Para fazer essa comparação entre as duas funções, o sinal EMG foi obtido em contração isométrica máxima na extensão e na rotação interna.

membros superiores 39

Extensão

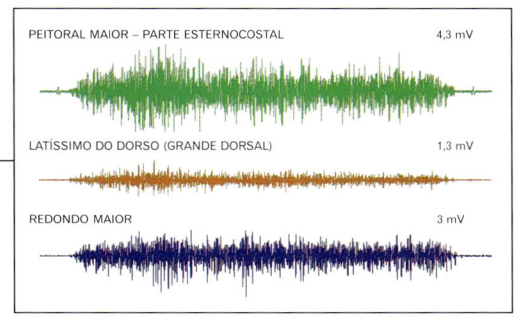

PEITORAL MAIOR – PARTE ESTERNOCOSTAL	4,3 mV
LATÍSSIMO DO DORSO (GRANDE DORSAL)	1,3 mV
REDONDO MAIOR	3 mV

Rotação interna

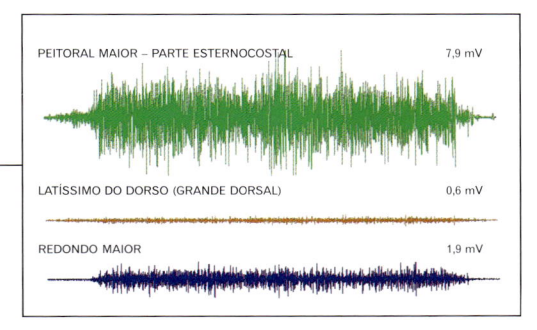

PEITORAL MAIOR – PARTE ESTERNOCOSTAL	7,9 mV
LATÍSSIMO DO DORSO (GRANDE DORSAL)	0,6 mV
REDONDO MAIOR	1,9 mV

Remada alta *versus* remada baixa

> Com base na participação sinérgica observada nos dois exercícios, a remada alta é mais indicada para o equilíbrio da cintura escapular e do ombro, tanto para pessoas que apresentam hipercifose dorsal quanto para as que apresentam tendência a essa alteração postural.

VOADOR DIRETO (FRONTAL)

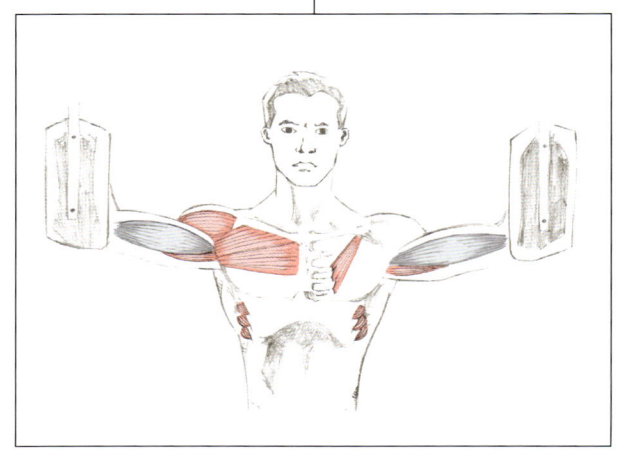

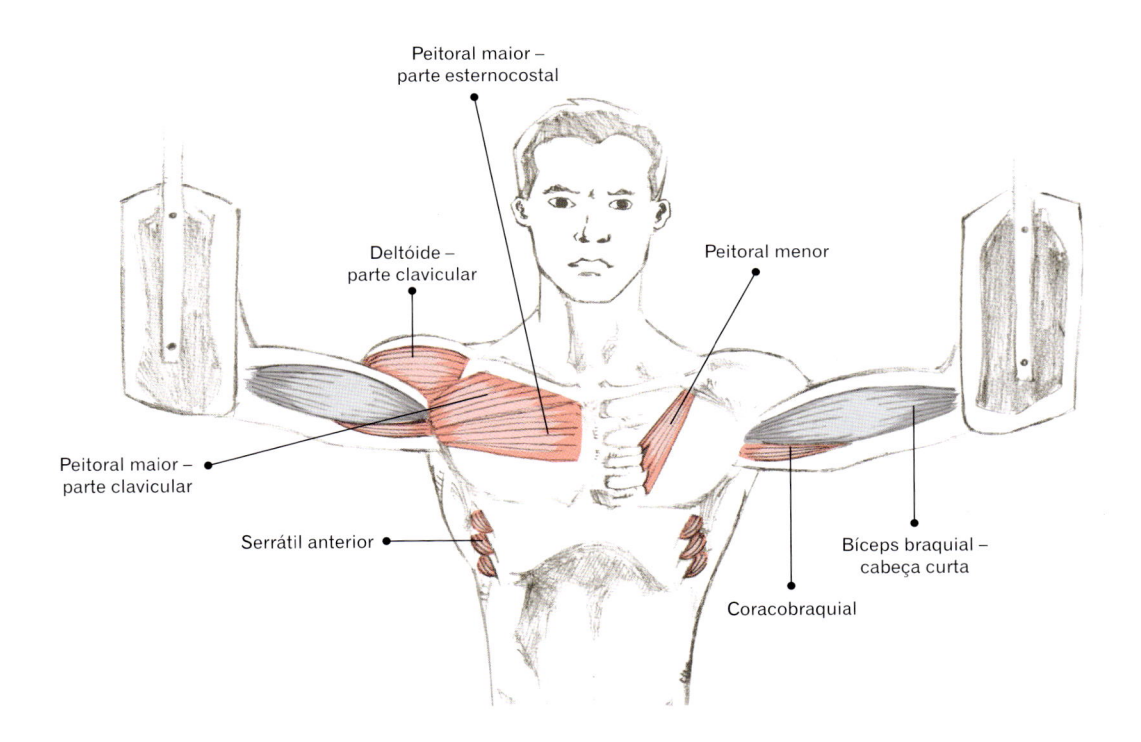

Peitoral maior –
parte esternocostal

Deltóide –
parte clavicular

Peitoral menor

Peitoral maior –
parte clavicular

Serrátil anterior

Bíceps braquial –
cabeça curta

Coracobraquial

Principais articulações envolvidas
- Ombro
- Cintura escapular

Análise cinesiológica

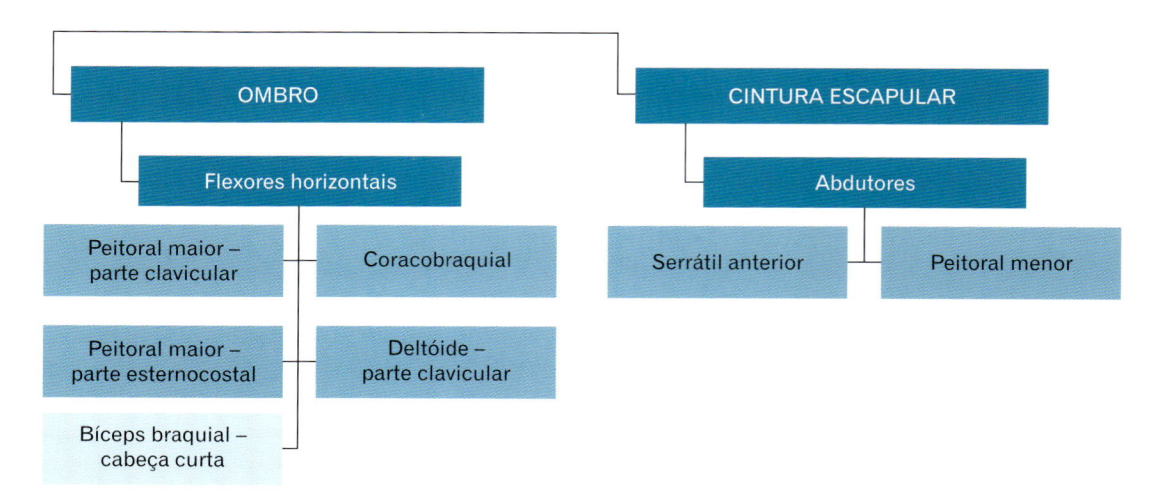

- **OMBRO**
  - Flexores horizontais
    - Peitoral maior – parte clavicular
    - Coracobraquial
    - Peitoral maior – parte esternocostal
    - Deltóide – parte clavicular
    - Bíceps braquial – cabeça curta
- **CINTURA ESCAPULAR**
  - Abdutores
    - Serrátil anterior
    - Peitoral menor

Variações

O exercício voador direto pode ser realizado com variações na posição do ombro – em rotação externa ou na posição neutra (posição intermediária entre as rotações interna e externa do ombro) – e na forma de apoio – alto ou baixo. Essas variações apresentam determinadas particularidades, que serão discutidas a seguir.

Posição do ombro
- Rotação externa
- Posição neutra

Rotação externa

Em comparação com a posição neutra:

- A intensidade do trabalho do peitoral maior (parte clavicular) é ↑.
- A intensidade do trabalho do peitoral maior (parte esternocostal) é ↑.
- A intensidade do trabalho do deltóide (parte clavicular) é ↓.
- A intensidade do trabalho do bíceps braquial (cabeça curta) é ↑.

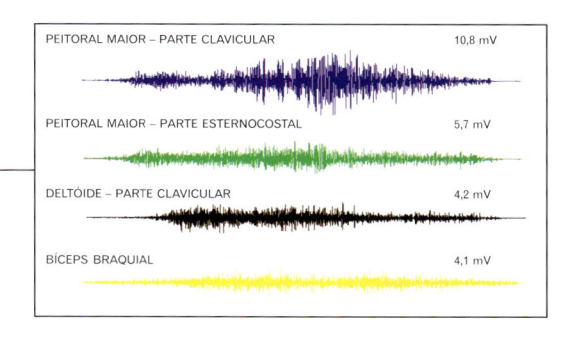

membros superiores 43

PEITORAL MAIOR – PARTE CLAVICULAR	10,8 mV
PEITORAL MAIOR – PARTE ESTERNOCOSTAL	5,7 mV
DELTÓIDE – PARTE CLAVICULAR	4,2 mV
BÍCEPS BRAQUIAL	4,1 mV

Posição neutra
Em comparação com a rotação externa:

- A intensidade do trabalho do peitoral maior (parte clavicular) é ↓.
- A intensidade do trabalho do peitoral maior (parte esternocostal) é ↓.
- A intensidade do trabalho do deltóide (parte clavicular) é ↑.
- A intensidade do trabalho do bíceps braquial (cabeça curta) é ↓.

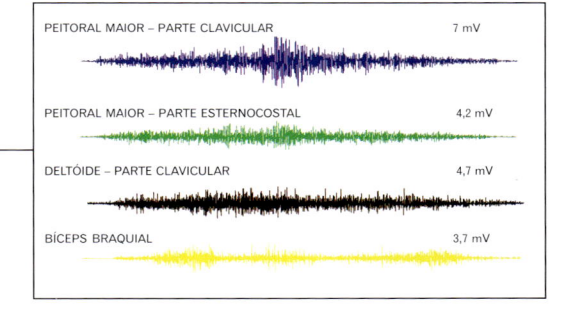

PEITORAL MAIOR – PARTE CLAVICULAR	7 mV
PEITORAL MAIOR – PARTE ESTERNOCOSTAL	4,2 mV
DELTÓIDE – PARTE CLAVICULAR	4,7 mV
BÍCEPS BRAQUIAL	3,7 mV

voador direto (frontal)

Apoio
- Alto
- Baixo

Apoio alto
Em comparação com o apoio baixo:
- A intensidade do trabalho do peitoral maior (parte clavicular) é ↑.
- A intensidade do trabalho do peitoral maior (parte esternocostal) é ↓.
- A intensidade do trabalho do deltóide (parte clavicular) é ↑.
- A intensidade do trabalho do serrátil anterior é ↑.
- A intensidade do trabalho do bíceps braquial (cabeça curta) é ↑.

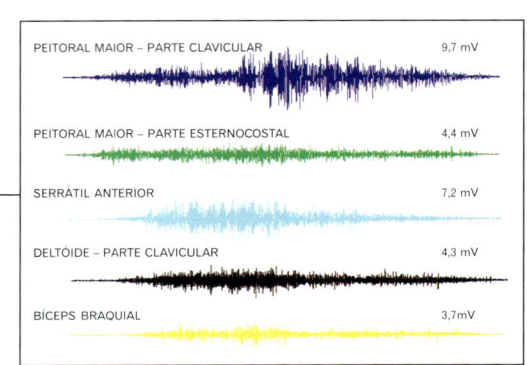

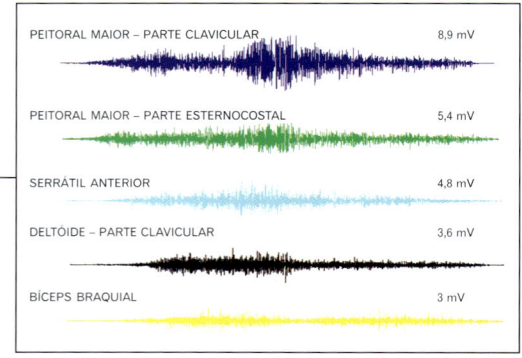

PEITORAL MAIOR – PARTE CLAVICULAR	9,7 mV
PEITORAL MAIOR – PARTE ESTERNOCOSTAL	4,4 mV
SERRÁTIL ANTERIOR	7,2 mV
DELTÓIDE – PARTE CLAVICULAR	4,3 mV
BÍCEPS BRAQUIAL	3,7 mV

Apoio baixo
Em comparação com o apoio alto:
- A intensidade do trabalho do peitoral maior (parte clavicular) é ↓.
- A intensidade do trabalho do peitoral maior (parte esternocostal) é ↑.
- A intensidade do trabalho do deltóide (parte clavicular) é ↓.
- A intensidade do trabalho do serrátil anterior é ↓.
- A intensidade do trabalho do bíceps braquial (cabeça curta) é ↓.

PEITORAL MAIOR – PARTE CLAVICULAR	8,9 mV
PEITORAL MAIOR – PARTE ESTERNOCOSTAL	5,4 mV
SERRÁTIL ANTERIOR	4,8 mV
DELTÓIDE – PARTE CLAVICULAR	3,6 mV
BÍCEPS BRAQUIAL	3 mV

membros superiores 45

Considerações

Deve-se ou não acentuar a abdução da cintura escapular?

O exercício pode ser realizado acentuando-se ou não a abdução da cintura escapular no final da fase concêntrica (flexão horizontal do ombro). Quando a acentuação ocorre, o nível de ativação dos abdutores da cintura escapular (serrátil anterior e peitoral menor) é intensificado, reforçando, ainda mais, esse grupo muscular.

Isso pode proporcionar um desequilíbrio muscular, aumentando a tendência de deslocamento anterior da cintura escapular e predispondo a uma protrusão de ombros.

> Essa forma de execução não é indicada para indivíduos que apresentam essa alteração postural. Nas demais situações, esse procedimento deve ser acompanhado de exercícios compensatórios (voador invertido, remada alta, puxada inclinada, entre outros).

Acentuação da abdução da cintura escapular

SERRÁTIL ANTERIOR — 5,5 mV

Abdução da cintura escapular

SERRÁTIL ANTERIOR — 3,7 mV

voador direto (frontal)

Participação sinérgica do deltóide (parte clavicular) e do peitoral maior

O voador direto, realizado com rotação externa do ombro, modifica o posicionamento do deltóide (parte clavicular), deslocando-o para uma posição mais superior quando comparado ao voador direto realizado na posição neutra. Na posição de rotação externa, a ação do deltóide (parte clavicular) como flexor horizontal fica biomecanicamente prejudicada, ocasionando uma maior ativação do peitoral maior (partes clavicular e esternocostal) para a execução do exercício.

Rotação externa

Em comparação com a posição neutra:

- A intensidade do trabalho do peitoral maior (parte clavicular) é ↑.
- A intensidade do trabalho do peitoral maior (parte esternocostal) é ↑.
- A intensidade do trabalho do deltóide (parte clavicular) é ↓.

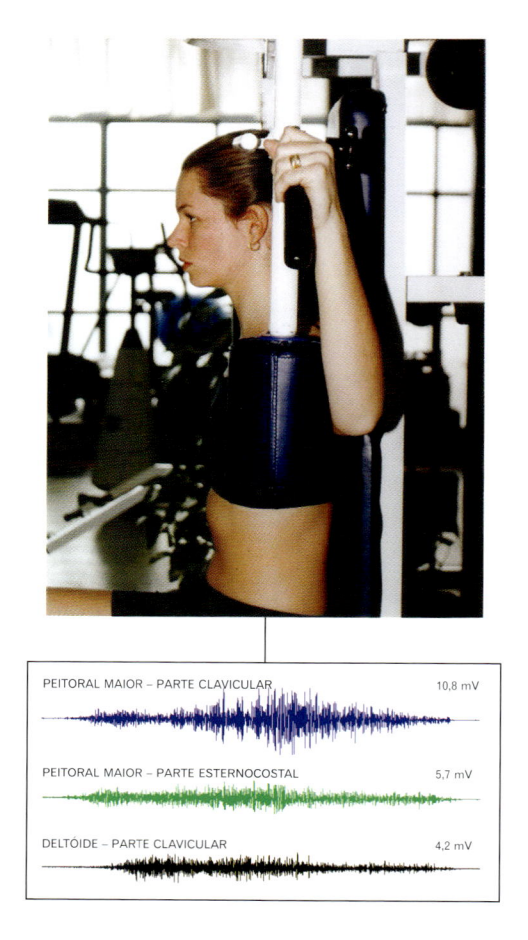

PEITORAL MAIOR – PARTE CLAVICULAR	10,8 mV
PEITORAL MAIOR – PARTE ESTERNOCOSTAL	5,7 mV
DELTÓIDE – PARTE CLAVICULAR	4,2 mV

Posição neutra

Em comparação com a rotação externa:

- A intensidade do trabalho do peitoral maior (parte clavicular) é ↓.
- A intensidade do trabalho do peitoral maior (parte esternocostal) é ↓.
- A intensidade do trabalho do deltóide (parte clavicular) é ↑.

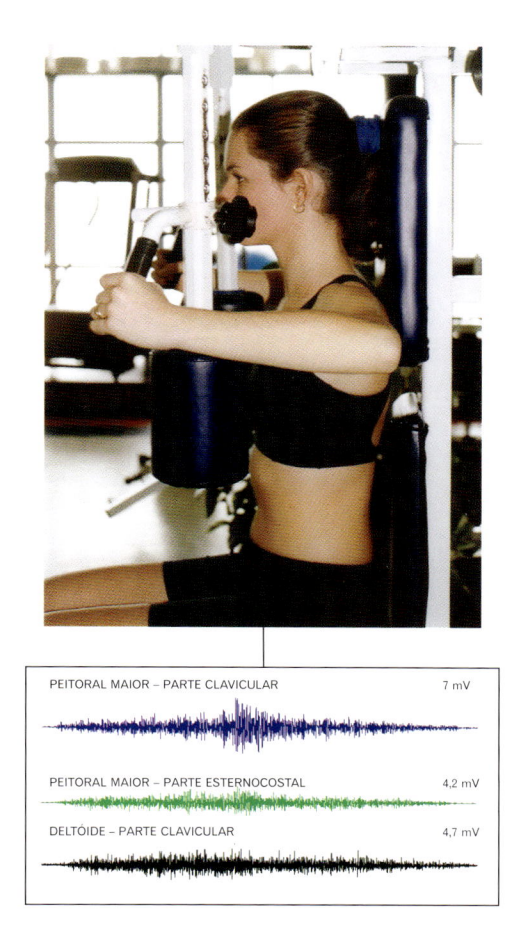

PEITORAL MAIOR – PARTE CLAVICULAR — 7 mV
PEITORAL MAIOR – PARTE ESTERNOCOSTAL — 4,2 mV
DELTÓIDE – PARTE CLAVICULAR — 4,7 mV

É possível trabalhar o bíceps braquial durante o voador direto?

O bíceps braquial (cabeça curta) é considerado o motor acessório do movimento de flexão horizontal do ombro, apresentando uma ativação aumentada com o incremento da carga do exercício. Além disso, quando o exercício voador direto é realizado com o ombro rotado externamente, a ativação torna-se ainda maior devido à ineficiência mecânica do deltóide (parte clavicular).

voador direto (frontal)

Rotação externa
Em comparação com a posição neutra:
- A intensidade do trabalho de deltóide (parte clavicular) é ↓.
- A intensidade do trabalho do bíceps braquial (cabeça curta) é ↑.

DELTÓIDE – PARTE CLAVICULAR 4,2 mV
BÍCEPS BRAQUIAL – CABEÇA CURTA 4,1 mV

membros superiores   49

Posição neutra
Em comparação com a rotação externa:

- A intensidade do trabalho de deltóide (parte clavicular) é ↑.
- A intensidade do trabalho do bíceps braquial (cabeça curta) é ↓.

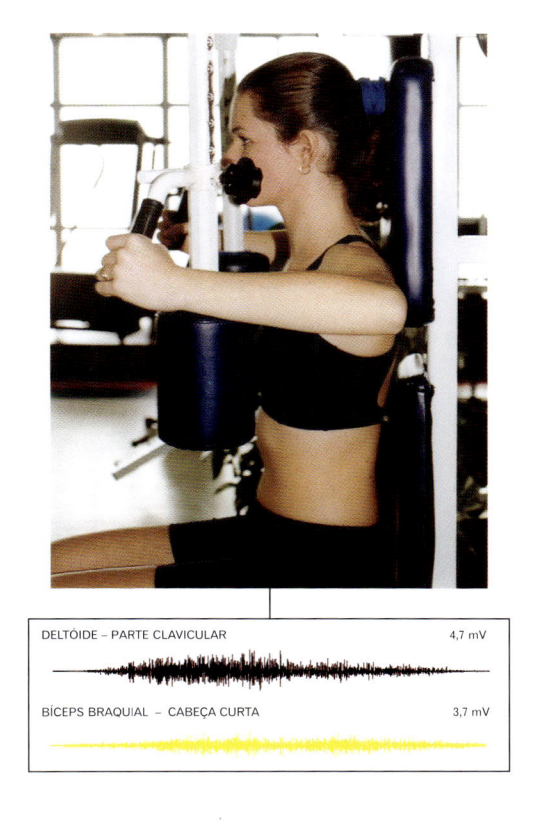

DELTÓIDE – PARTE CLAVICULAR   4,7 mV

BÍCEPS BRAQUIAL – CABEÇA CURTA   3,7 mV

Qual a importância da variação do exercício na estabilidade do ombro?

A posição do ombro no voador com rotação externa provoca uma distensão na cápsula articular e uma tensão nos ligamentos da região anterior. Esse mecanismo pode levar a uma instabilidade articular e aumentar a possibilidade de luxação do ombro.

> Sendo assim, esse exercício não é indicado para pessoas com grande mobilidade articular.

Como fica o equilíbrio muscular nesse exercício?

A tendência de rotação externa do ombro durante o voador em posição neutra provoca um aumento da atividade dos rotadores internos para manutenção da posição.

> Dessa forma, a rotação interna do ombro e, por conseqüência, a abdução da cintura escapular tendem a acentuar, favorecendo uma hipercifose dorsal.

VOADOR INVERTIDO (DORSAL)

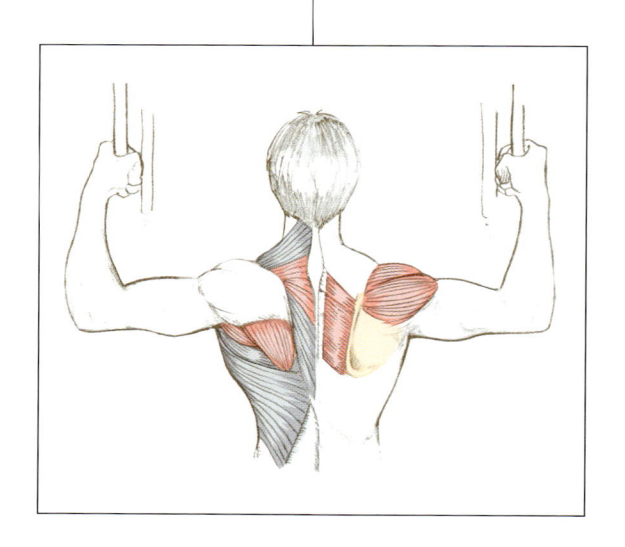

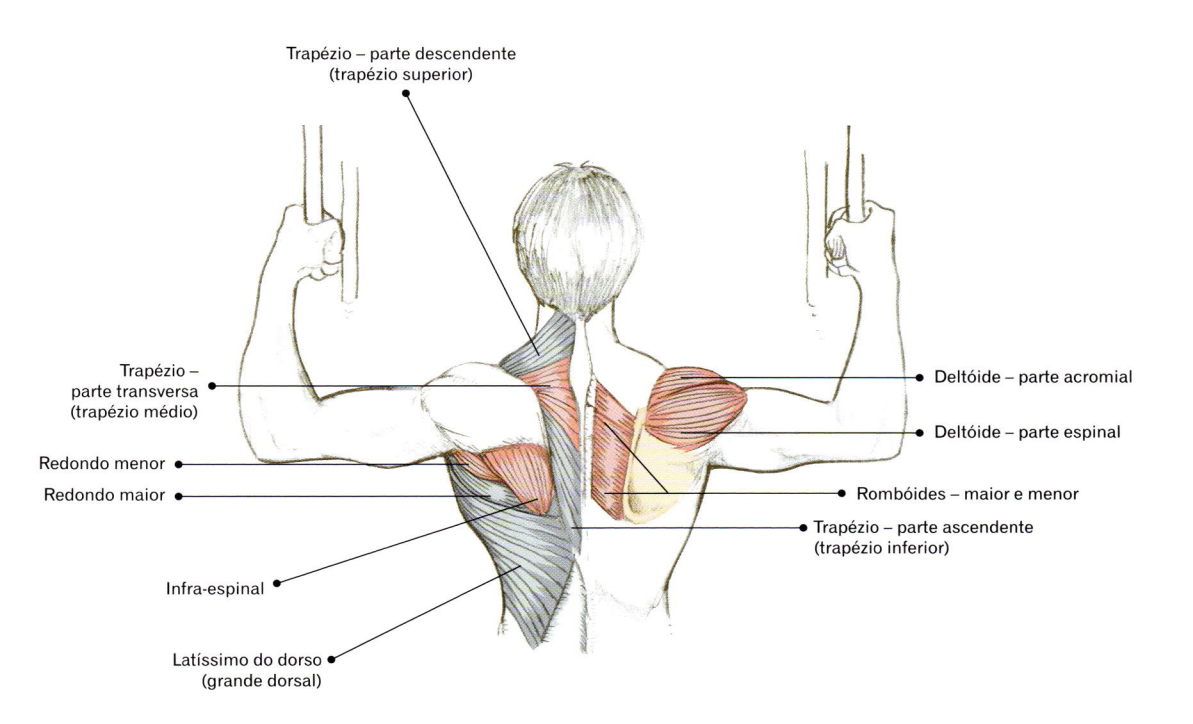

- Trapézio – parte descendente (trapézio superior)
- Trapézio – parte transversa (trapézio médio)
- Redondo menor
- Redondo maior
- Infra-espinal
- Latíssimo do dorso (grande dorsal)
- Deltóide – parte acromial
- Deltóide – parte espinal
- Rombóides – maior e menor
- Trapézio – parte ascendente (trapézio inferior)

voador invertido (dorsal)

Principais articulações envolvidas

- Ombro
- Cintura escapular

Análise cinesiológica

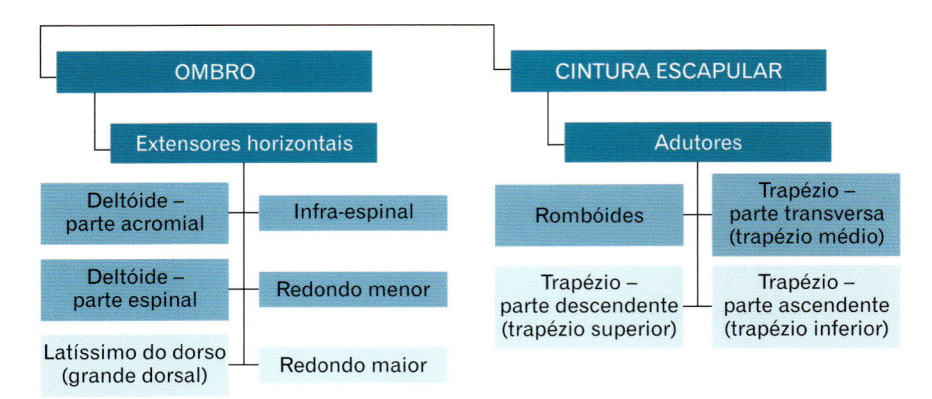

OMBRO
- Extensores horizontais
  - Deltóide – parte acromial
  - Deltóide – parte espinal
  - Latíssimo do dorso (grande dorsal)
  - Infra-espinal
  - Redondo menor
  - Redondo maior

CINTURA ESCAPULAR
- Adutores
  - Rombóides
  - Trapézio – parte descendente (trapézio superior)
  - Trapézio – parte transversa (trapézio médio)
  - Trapézio – parte ascendente (trapézio inferior)

Variações

O exercício voador invertido pode ser realizado com a articulação do ombro em rotação externa ou na posição neutra, assim como com apoio alto ou baixo. Essas variações apresentam determinadas particularidades, que serão abordadas a seguir.

Posições do ombro

- Rotação externa
- Posição neutra

Rotação externa

Em comparação com a neutra:

- A intensidade do trabalho do infra-espinal é ↑.
- A intensidade do trabalho do deltóide (parte espinal) é ↓.
- A intensidade do trabalho do deltóide (parte acromial) é ↓.

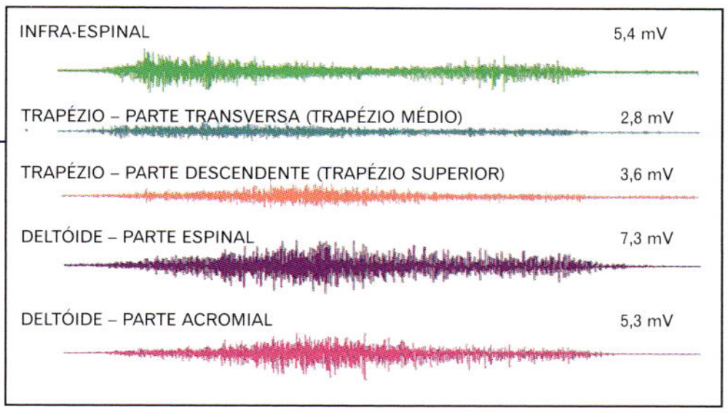

membros superiores 53

INFRA-ESPINAL	5,4 mV
TRAPÉZIO – PARTE TRANSVERSA (TRAPÉZIO MÉDIO)	2,8 mV
TRAPÉZIO – PARTE DESCENDENTE (TRAPÉZIO SUPERIOR)	3,6 mV
DELTÓIDE – PARTE ESPINAL	7,3 mV
DELTÓIDE – PARTE ACROMIAL	5,3 mV

Posição neutra
Em comparação com a rotação externa:

- A intensidade do trabalho do infra-espinal é ↓.
- A intensidade do trabalho do deltóide (parte espinal) é ↑.
- A intensidade do trabalho do deltóide (parte acromial) é ↑.

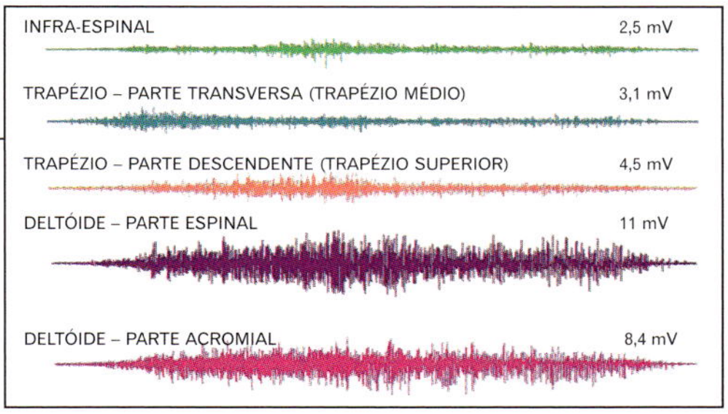

INFRA-ESPINAL	2,5 mV
TRAPÉZIO – PARTE TRANSVERSA (TRAPÉZIO MÉDIO)	3,1 mV
TRAPÉZIO – PARTE DESCENDENTE (TRAPÉZIO SUPERIOR)	4,5 mV
DELTÓIDE – PARTE ESPINAL	11 mV
DELTÓIDE – PARTE ACROMIAL	8,4 mV

voador invertido (dorsal)

Apoio

A variação no apoio não intensifica o trabalho de nenhum grupo muscular específico, além de alterar a posição muscular dos extensores horizontais, desfavorecendo mecanicamente a sua ativação. Na pegada alta, pode ocorrer uma elevação da cintura escapular durante o movimento e, dessa forma, os elevadores da cintura escapular podem ser ativados durante a execução.

- Alto
- Baixo

Apoio alto

INFRA-ESPINAL	2,3 mV
TRAPÉZIO – PARTE TRANSVERSA (TRAPÉZIO MÉDIO)	3,1 mV
TRAPÉZIO – PARTE DESCENDENTE (TRAPÉZIO SUPERIOR)	4,7 mV
DELTÓIDE – PARTE ESPINAL	10,4 mV
DELTÓIDE – PARTE ACROMIAL	7,6 mV

Apoio baixo

INFRA-ESPINAL	2 mV
TRAPÉZIO – PARTE TRANSVERSA (TRAPÉZIO MÉDIO)	3,4 mV
TRAPÉZIO – PARTE DESCENDENTE (TRAPÉZIO SUPERIOR)	4,1 mV
DELTÓIDE – PARTE ESPINAL	9,6 mV
DELTÓIDE – PARTE ACROMIAL	7,1 mV

membros superiores 55

Considerações

Como posicionar a cabeça?

A cabeça deve ser posicionada mantendo a curvatura cervical (lordose fisiológica). A retração do queixo auxilia esse posicionamento.

Hiperlordose cervical

Lordose fisiológica

Retificação cervical

voador invertido (dorsal)

O voador invertido é interessante para a postura?

Assim como o exercício de remada alta, o voador invertido possibilita um maior equilíbrio da cintura escapular e do ombro pela ativação dos adutores da cintura escapular e dos rotadores externos do ombro. Estes últimos são mais ativados na variação com os ombros rotados externamente.

Posição neutra

| INFRA-ESPINAL | 2,5 mV |
| TRAPÉZIO – PARTE TRANSVERSA (TRAPÉZIO MÉDIO) | 3,1 mV |

Rotação externa

| INFRA-ESPINAL | 5,4 mV |
| TRAPÉZIO – PARTE TRANSVERSA (TRAPÉZIO MÉDIO) | 2,8 mV |

Como fica a região cervical?

Da mesma forma que na remada alta, durante o voador invertido os músculos que realizam a rotação superior da cintura escapular encontram-se ativos para estabilizá-la e tendem a elevá-la. Portanto, deve-se cuidar, na realização do exercício, para não elevar a cintura escapular, evitando, assim, a tração das vértebras cervicais, que leva ao aumento da lordose dessa região.

Sem elevação da cintura escapular

TRAPÉZIO – PARTE DESCENDENTE (TRAPÉZIO SUPERIOR)   4 mV

Com elevação da cintura escapular

TRAPÉZIO – PARTE DESCENDENTE (TRAPÉZIO SUPERIOR)   4,5 mV

PUXADAS

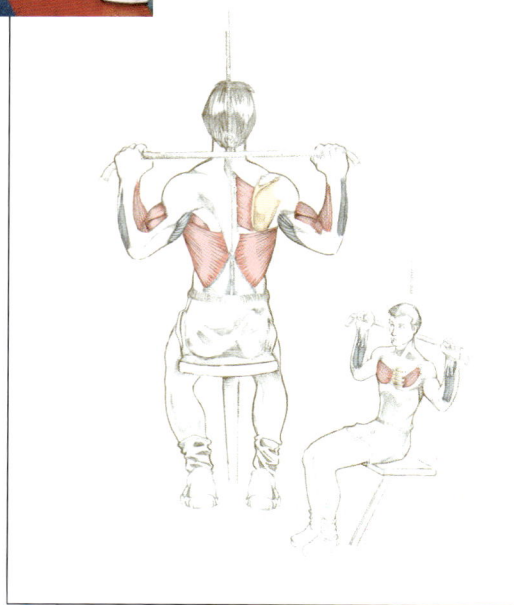

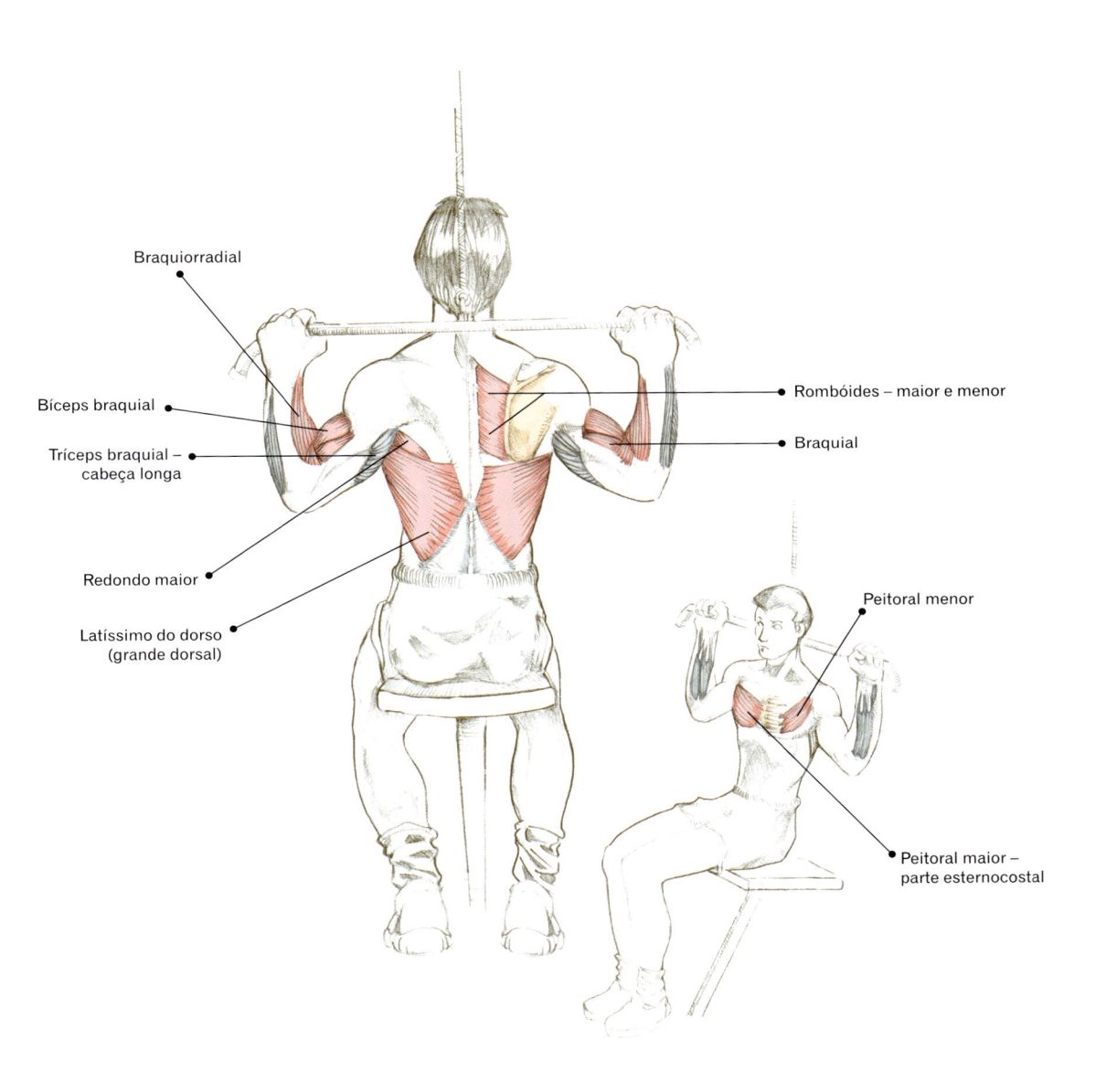

- Braquiorradial
- Bíceps braquial
- Tríceps braquial – cabeça longa
- Redondo maior
- Latíssimo do dorso (grande dorsal)
- Rombóides – maior e menor
- Braquial
- Peitoral menor
- Peitoral maior – parte esternocostal

Principais articulações envolvidas
- Ombro
- Cintura escapular
- Cotovelo

Análise cinesiológica

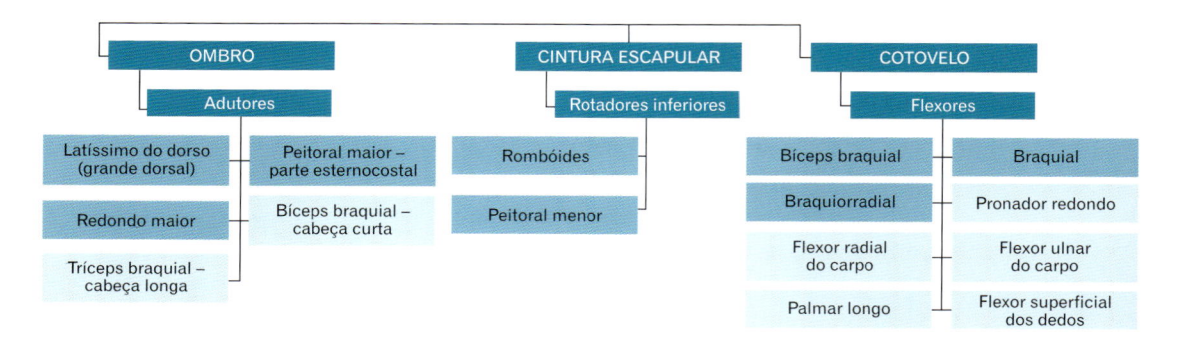

OMBRO → Adutores:
- Latíssimo do dorso (grande dorsal)
- Redondo maior
- Tríceps braquial – cabeça longa
- Peitoral maior – parte esternocostal
- Bíceps braquial – cabeça curta

CINTURA ESCAPULAR → Rotadores inferiores:
- Rombóides
- Peitoral menor

COTOVELO → Flexores:
- Bíceps braquial
- Braquiorradial
- Flexor radial do carpo
- Palmar longo
- Braquial
- Pronador redondo
- Flexor ulnar do carpo
- Flexor superficial dos dedos

Variações

As variações das puxadas ocorrem em virtude das diferentes formas de posicionamento da barra (por trás ou pela frente) e desencadeiam diferentes ações musculares.

Posição da barra
- Por trás
- Pela frente

Por trás
Em comparação com a puxada pela frente:
- A amplitude de movimento de rotação interna é ↓.
- A intensidade do trabalho dos adutores do ombro é ↓.
- A intensidade do trabalho dos rotadores internos do ombro é ↓.

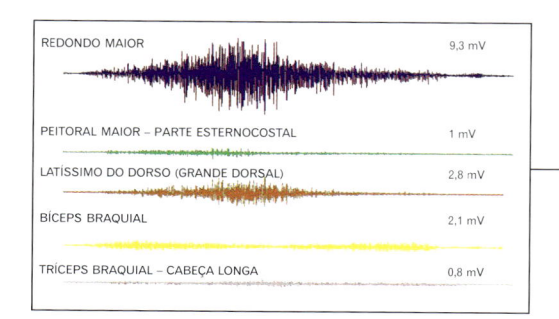

REDONDO MAIOR	9,3 mV
PEITORAL MAIOR – PARTE ESTERNOCOSTAL	1 mV
LATÍSSIMO DO DORSO (GRANDE DORSAL)	2,8 mV
BÍCEPS BRAQUIAL	2,1 mV
TRÍCEPS BRAQUIAL – CABEÇA LONGA	0,8 mV

membros superiores 61

Pela frente
Em comparação com a puxada por trás:

- A amplitude de movimento de rotação interna é ↑.
- A intensidade do trabalho dos adutores do ombro é ↑.
- A intensidade do trabalho dos rotadores internos do ombro é ↑.

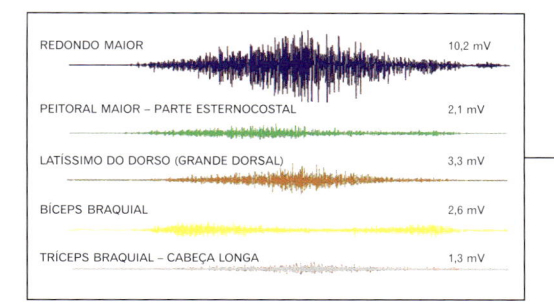

REDONDO MAIOR	10,2 mV
PEITORAL MAIOR – PARTE ESTERNOCOSTAL	2,1 mV
LATÍSSIMO DO DORSO (GRANDE DORSAL)	3,3 mV
BÍCEPS BRAQUIAL	2,6 mV
TRÍCEPS BRAQUIAL – CABEÇA LONGA	1,3 mV

Considerações

Quais são os efeitos sobre as regiões cervical e lombar?

Indivíduos com limitação de movimento na articulação do ombro tendem a acentuar a lordose lombar e, principalmente, a cervical, durante a execução da puxada por trás. Além disso, o

| Certo | Errado |

impacto que pode ser causado pela barra do equipamento nos processos espinhosos das vértebras cervicais, no final do exercício, pode comprometer a estrutura desta região.

As puxadas influenciam na postura?

A puxada por trás e, principalmente, a puxada pela frente possibilitam uma maior ativação dos rotadores internos do ombro (subescapular, redondo maior, peitoral maior – parte esternocostal – e latíssimo do dorso). Se esses exercícios não forem adequadamente compensados pela realização de outros que enfatizem os grupos musculares antagonistas, pode-se desencadear um desequilíbrio da articulação do ombro. Isso fica mais evidente na puxada pela frente, na qual a tendência de rotação externa, provocada pela carga, é mais pronunciada, exigindo ainda mais os rotadores internos.

Mas, afinal, qual é a puxada mais indicada?

Apesar de a puxada por trás proporcionar uma menor ativação dos rotadores internos do ombro, esse exercício não parece ser o mais indicado. O aumento das curvaturas cervical e lombar, o possível trauma provocado pela barra e o tensionamento ligamentar e capsular, gerado pela amplitude exagerada do ombro, acabam sendo mais agressivos ao indivíduo (Crate, 1997). A puxada pela frente proporciona uma ação combinada de adução e rotação interna do ombro, sendo mais um exercício que leva ao desequilíbrio muscular e a uma possível instabilidade da articulação do ombro. Em função desses argumentos em relação às puxadas por trás e pela frente, parece razoável selecionar outros exercícios nos quais esses aspectos sejam, se não eliminados, minimizados.

> Assim, o exercício de remada alta, já mencionado (p. 32), e o exercício de puxada inclinada (p. 64) seriam opções mais adequadas.

É possível ocorrer a participação do tríceps braquial na puxada pela frente?

Na execução do exercício puxada pela frente, ocorre um movimento intermediário entre a adução e a extensão do ombro, no qual a cabeça longa do tríceps braquial é ativada por sua participação como extensor do ombro. Dessa forma, a cabeça longa do tríceps braquial participa na execução do movimento.

membros superiores 63

TRÍCEPS BRAQUIAL – CABEÇA LONGA　　　　　　0,8 mV

TRÍCEPS BRAQUIAL – CABEÇA LONGA　　　　　　1,3 mV

PUXADA INCLINADA

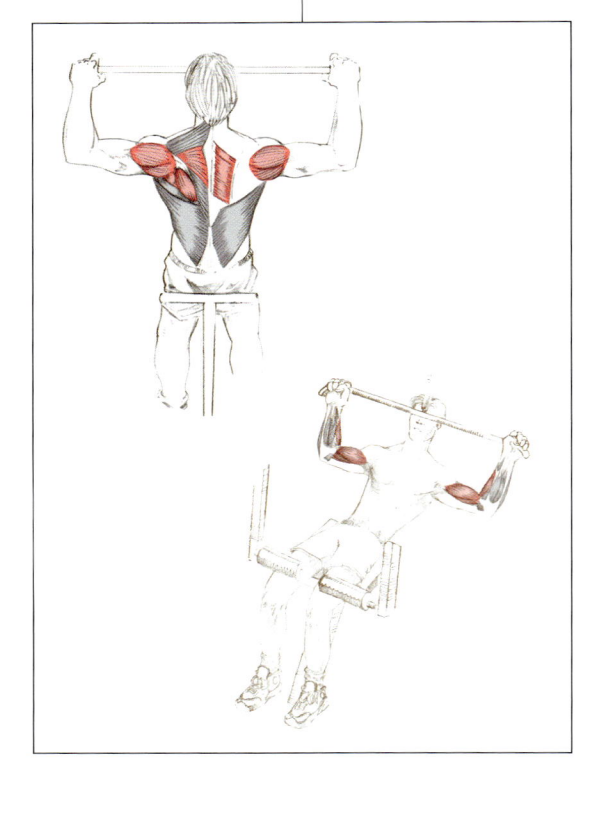

DELTÓIDE – PARTE ESPINAL	7 mV
DELTÓIDE – PARTE ACROMIAL	3,6 mV
INFRA-ESPINAL	1,2 mV
LATÍSSIMO DO DORSO (GRANDE DORSAL)	8,8 mV
TRAPÉZIO – PARTE TRANSVERSA (TRAPÉZIO MÉDIO)	2,4 mV
BÍCEPS BRAQUIAL	1,9 mV

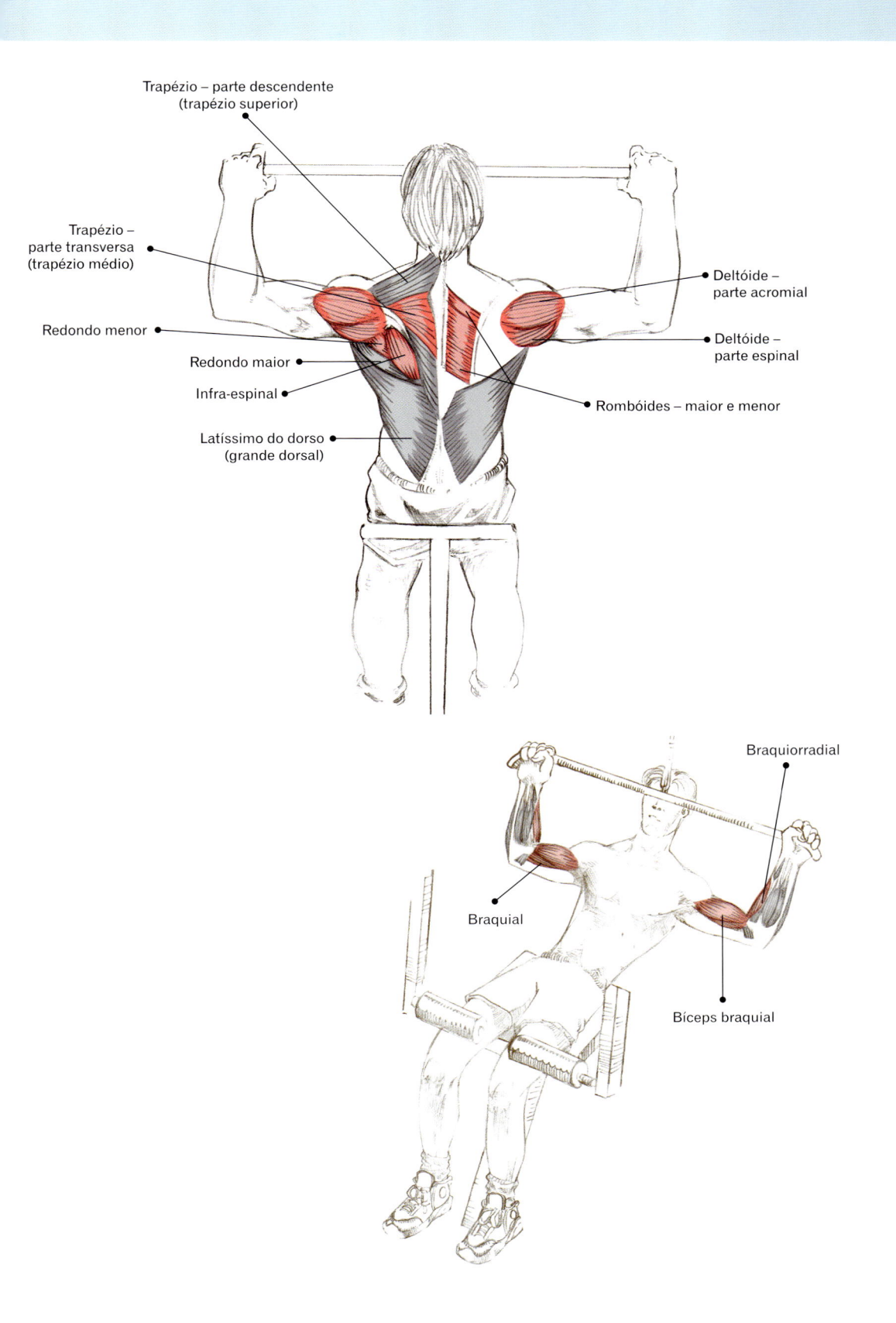

Trapézio – parte descendente
(trapézio superior)

Trapézio –
parte transversa
(trapézio médio)

Redondo menor

Redondo maior

Infra-espinal

Latíssimo do dorso
(grande dorsal)

Deltóide –
parte acromial

Deltóide –
parte espinal

Rombóides – maior e menor

Braquiorradial

Braquial

Bíceps braquial

puxada inclinada

Principais articulações envolvidas

- Ombro
- Cintura escapular
- Cotovelo

Análise cinesiológica

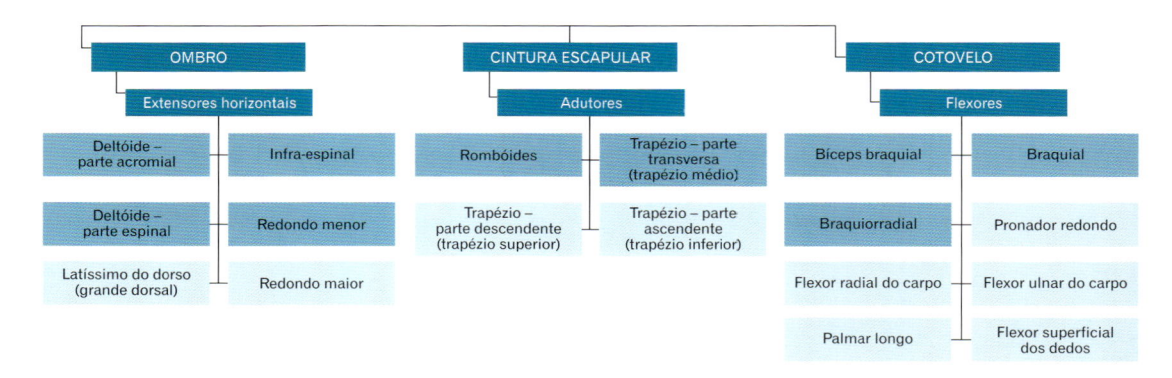

OMBRO		CINTURA ESCAPULAR		COTOVELO	
Extensores horizontais		**Adutores**		**Flexores**	
Deltóide – parte acromial	Infra-espinal	Rombóides	Trapézio – parte transversa (trapézio médio)	Bíceps braquial	Braquial
Deltóide – parte espinal	Redondo menor	Trapézio – parte descendente (trapézio superior)	Trapézio – parte ascendente (trapézio inferior)	Braquiorradial	Pronador redondo
Latíssimo do dorso (grande dorsal)	Redondo maior			Flexor radial do carpo	Flexor ulnar do carpo
				Palmar longo	Flexor superficial dos dedos

Variações

Esse exercício não apresenta variações.

Considerações

Qual a repercussão da puxada inclinada na região lombar?

Nesse exercício, deve-se ter cuidado com a região lombar, pois existe uma tendência de anteversão pélvica e conseqüente acentuação da lordose lombar. A realização de uma contração isométrica da musculatura abdominal estabiliza a cintura pélvica, evitando, assim, a sua anteversão, bem como possibilita a manutenção da curvatura fisiológica da coluna lombar.

> Esse exercício não é indicado para pessoas que apresentam lombalgias ou hiperlordose lombar, nem para iniciantes que possuem a musculatura abdominal fraca e pouca consciência corporal.

Puxada inclinada *versus* remada alta

Na puxada inclinada, assim como na remada alta, ocorre um reforço dos extensores horizontais e dos adutores da cintura escapular, favorecendo a ativação dos rotadores externos dos ombros (p. 34 – Quadro). Com exceção do deltóide (parte acromial), os músculos que realizam a extensão horizontal do ombro também participam da rotação externa desta articulação. Tais exercícios, como poucos nos equipamentos de musculação, propiciam um trabalho efetivo desses músculos.

No entanto, ao compararmos a puxada inclinada com a remada alta, esta última ainda é mais efetiva. Na remada alta, há maior ativação dos rotadores externos do ombro, em virtude da ação combinada do torque resistente de rotação interna criado pela massa do segmento corporal. O mesmo não ocorre na puxada inclinada.

Obs.: As coletas dos sinais EMGs foram realizadas com a mesma pessoa e sem alteração do posicionamento dos eletrodos. As fotos apenas ilustram os exercícios.

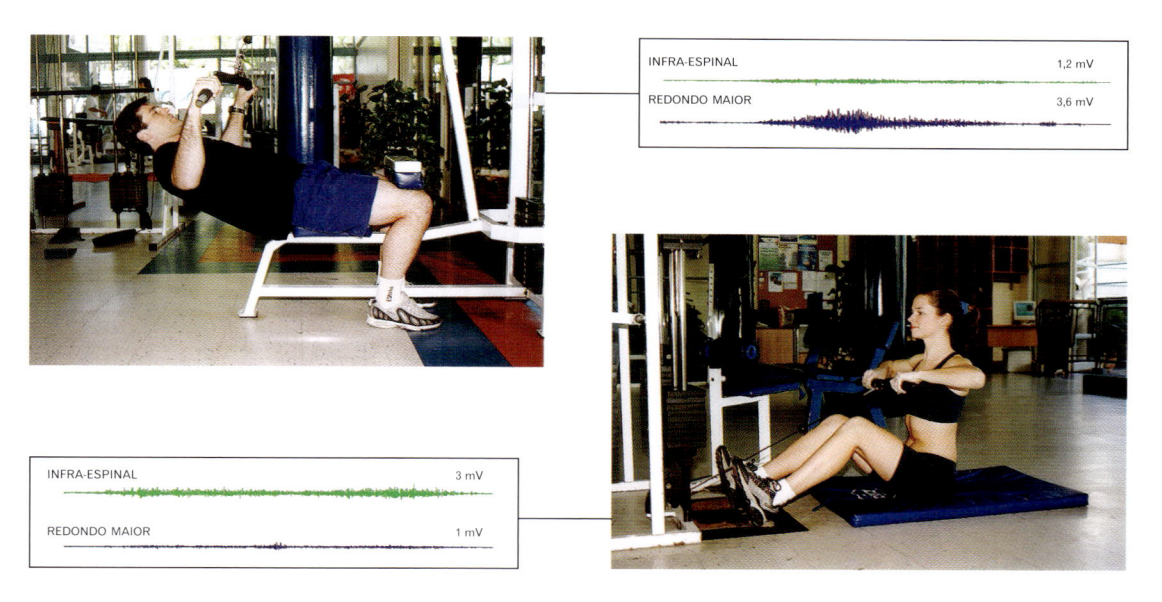

A realização desses exercícios por indivíduos que apresentam hipercifose dorsal, situação na qual os músculos adutores da cintura escapular e rotadores externos do ombro encontram-se alongados e/ou enfraquecidos, é indicada, pois compensa o desequilíbrio muscular existente, sendo que a remada alta é o mais indicado.

Qual a inclinação mais indicada do tronco em relação ao cabo?

Nesse exercício, é necessário observar o ângulo formado entre o cabo do equipamento e o tronco. O ângulo ideal entre eles é de 90°, pois essa posição é a mais adequada para a ativação dos extensores horizontais do ombro e dos adutores da cintura escapular.

ELEVAÇÃO LATERAL

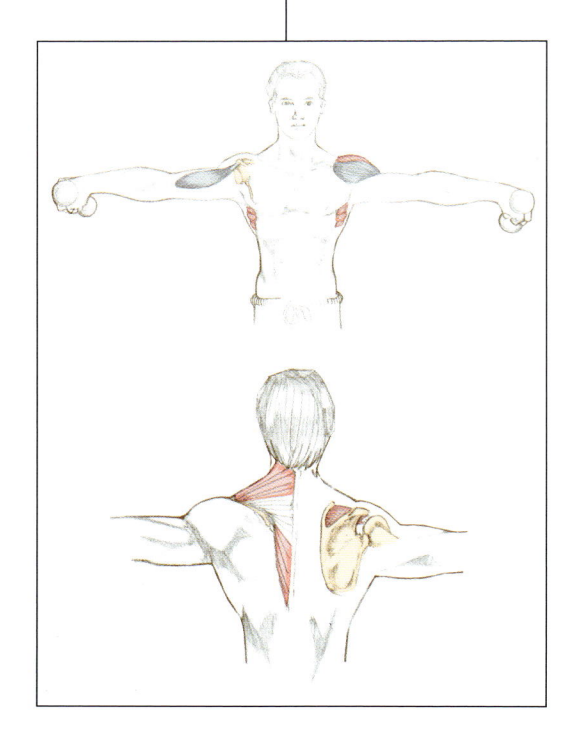

DELTÓIDE – PARTE CLAVICULAR	2,7 mV
DELTÓIDE – PARTE ACROMIAL	9,5 mV
SERRÁTIL ANTERIOR	6,1 mV
TRAPÉZIO – PARTE DESCENDENTE (TRAPÉZIO SUPERIOR)	3,2 mV

Bíceps braquial – cabeça longa

Deltóide – parte acromial

Deltóide – parte clavicular

Serrátil anterior

Trapézio – parte descendente (trapézio superior)

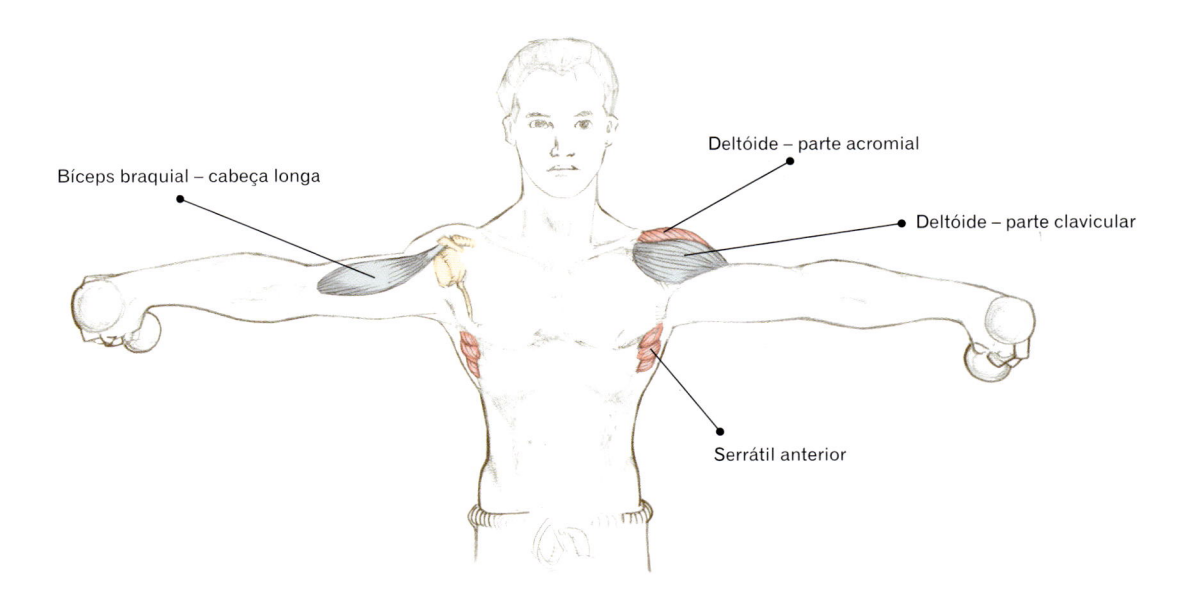

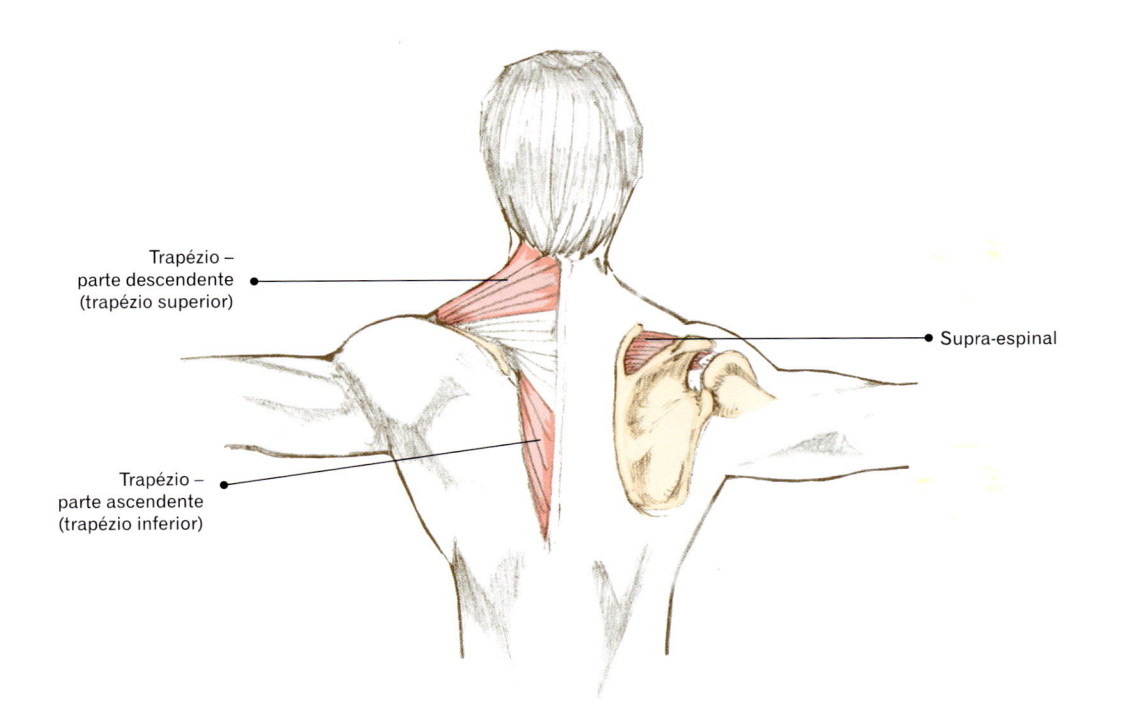

Supra-espinal

Trapézio – parte ascendente (trapézio inferior)

70 elevação lateral

Principais articulações envolvidas
- Ombro
- Cintura escapular

Análise cinesiológica

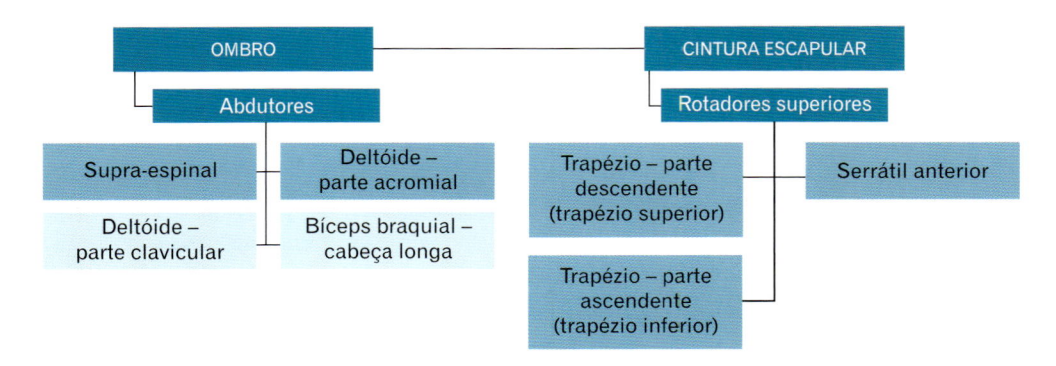

```
                OMBRO ─────────────────────── CINTURA ESCAPULAR
                  │                                    │
              Abdutores                      Rotadores superiores
              ┌───┴────┐                      ┌────────┴────────┐
    Supra-espinal   Deltóide –      Trapézio – parte      Serrátil anterior
                    parte acromial  descendente
    Deltóide –      Bíceps braquial –  (trapézio superior)
    parte clavicular cabeça longa
                                    Trapézio – parte
                                    ascendente
                                    (trapézio inferior)
```

Variações
Esse exercício não apresenta variações.

Considerações

Mudanças sinérgicas pela facilitação do exercício

O aumento do ângulo de flexão do cotovelo provoca uma redução na sobrecarga articular do cotovelo e uma redução no braço de resistência, o que leva a uma diminuição da ativação muscular quando a carga é a mesma.

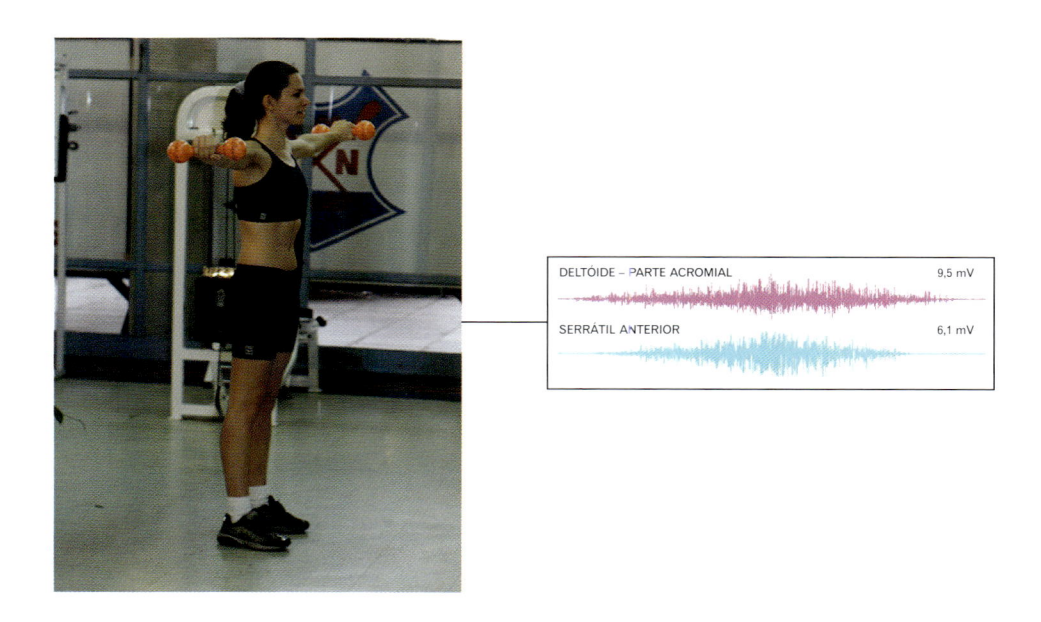

| DELTÓIDE – PARTE ACROMIAL | 9,5 mV |
| SERRÁTIL ANTERIOR | 6,1 mV |

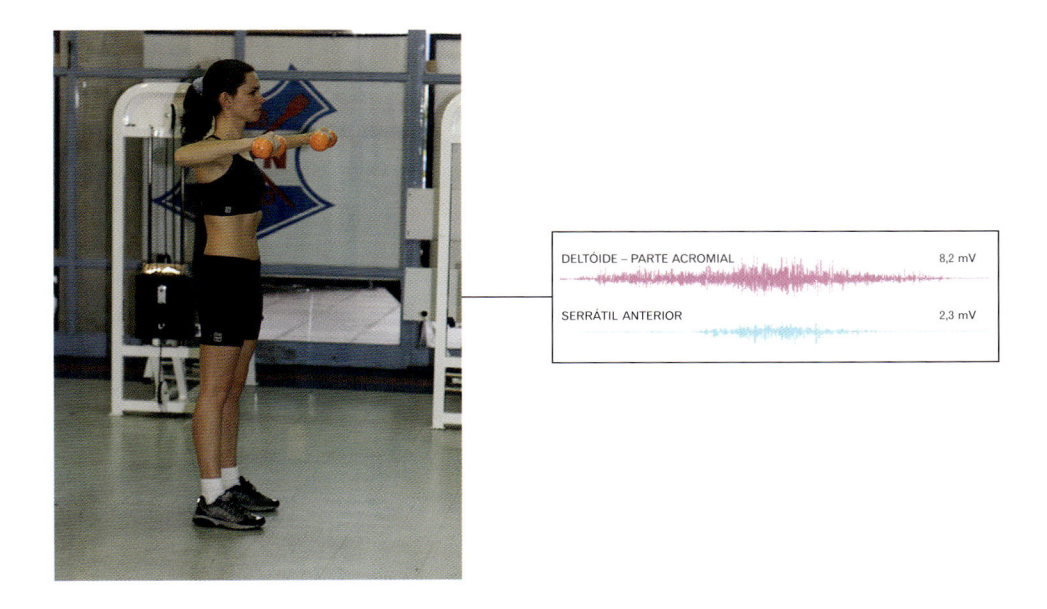

DELTÓIDE – PARTE ACROMIAL   8,2 mV
SERRÁTIL ANTERIOR   2,3 mV

Além dessa questão, o aumento no ângulo de flexão do cotovelo provoca a participação sinérgica dos rotadores externos do ombro (aqui representados pelo músculo infra-espinal) devido à tendência de rotação interna provocada pela posição. Para fazer uma comparação adequada da ativação dos rotadores externos nas duas situações, foi necessário igualar o torque resistente desenvolvido em ambas, com e sem flexão do cotovelo.

INFRA-ESPINAL   1,5 mV

72 elevação lateral

INFRA-ESPINAL   9,2 mV

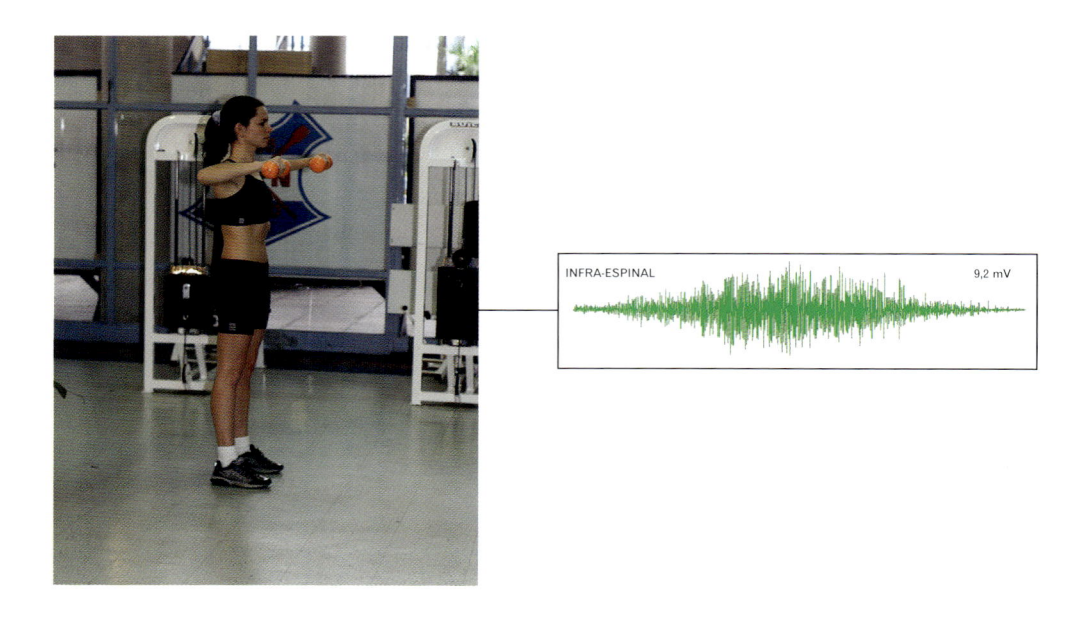

Como fica a região cervical?

Assim como na remada alta e no voador invertido, a realização desse exercício, na maioria das vezes, está associada à elevação da cintura escapular, intensificando a ativação do trapézio (parte descendente). Esse músculo, por originar-se na base do crânio, na protuberância occipital e nos ligamentos posteriores do pescoço, traciona as vértebras cervicais inferiormente, aumentando a lordose cervical.

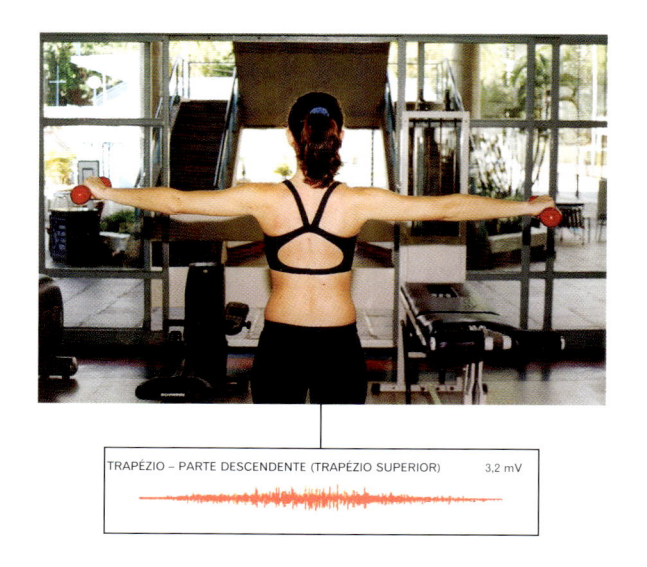

TRAPÉZIO – PARTE DESCENDENTE (TRAPÉZIO SUPERIOR)   3,2 mV

membros superiores 73

TRAPÉZIO – PARTE DESCENDENTE (TRAPÉZIO SUPERIOR)   5,4 mV

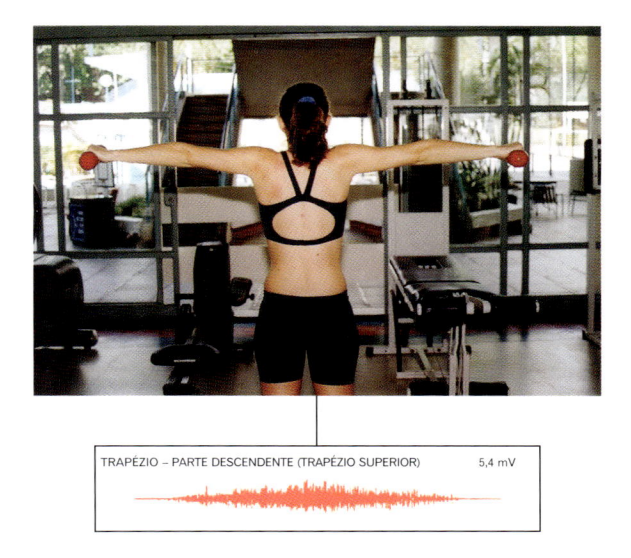

A amplitude de movimento altera a ativação muscular?

A abdução do ombro em até aproximadamente 60° é realizada prioritariamente pelo músculo supra-espinal. Dos 60° aos 90°, ocorre uma intensificação na participação do deltóide (parte acromial), que se torna, nos ângulos subseqüentes, o principal responsável pelo movimento (Rasch e Burke, 1977).

> Como esse exercício é realizado somente até 90°, acaba-se trabalhando, preferencialmente, o supra-espinal, fazendo com que o deltóide (parte acromial) tenha uma contribuição menos expressiva.

Obs.: As coletas dos sinais EMGs foram realizadas nos ângulos de 30° e 150° de abdução do ombro, pois biomecanicamente o torque de resistência gerado nestas duas posições é o mesmo.

DELTÓIDE – PARTE ACROMIAL   5,8 mV

74 elevação lateral

DELTÓIDE – PARTE ACROMIAL   13,7 mV

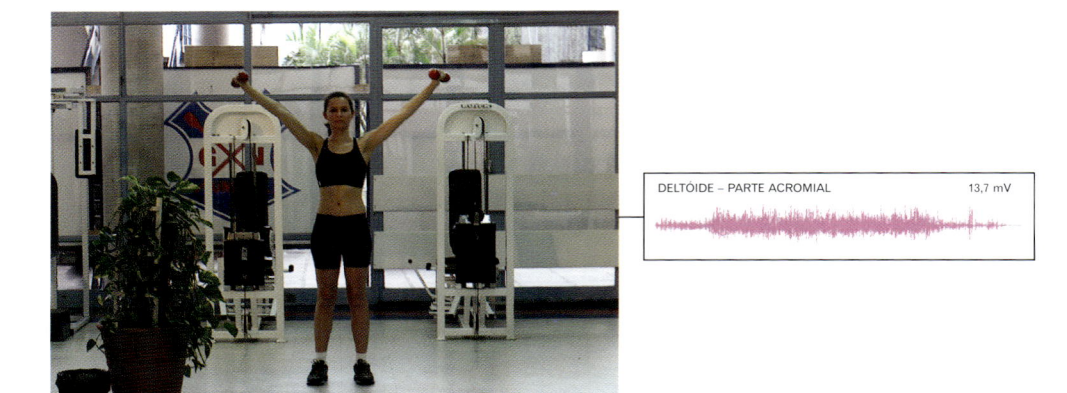

Quais as implicações desse exercício sobre a articulação do ombro?

A estabilidade articular é obtida pelos ligamentos e músculos. Na articulação do ombro, em particular, os músculos têm uma participação importante devido à instabilidade articular da região. Os músculos pertencentes ao manguito rotador, entre eles o supra-espinal, são os principais responsáveis por essa função.

> Diante disso, torna-se necessário o reforço do músculo supra-espinal, porém, em função da sua localização, o excesso de solicitação deste músculo pode aumentar tanto a compressão articular quanto a possibilidade de que seja lesionado.

Outro aspecto relevante é o aumento da compressão articular, causada pela redução do espaço articular à medida que o movimento de abdução aproxima-se de 90° (Peterson e Renström, 1997).

> Essa compressão, sobretudo do músculo supra-espinal, pode ser reduzida associando-se a rotação externa do ombro ao movimento de abdução. Dessa forma, desloca-se posteriormente o tubérculo maior do úmero, aumentando o espaço articular.

membros superiores 75

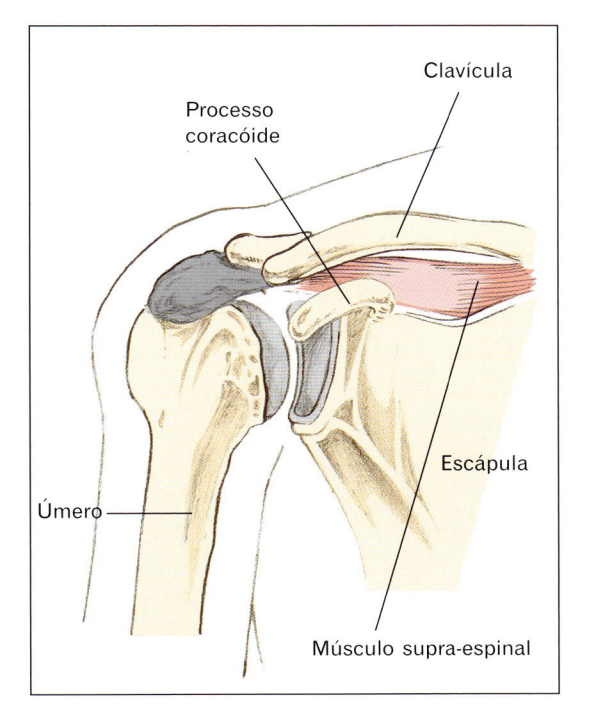

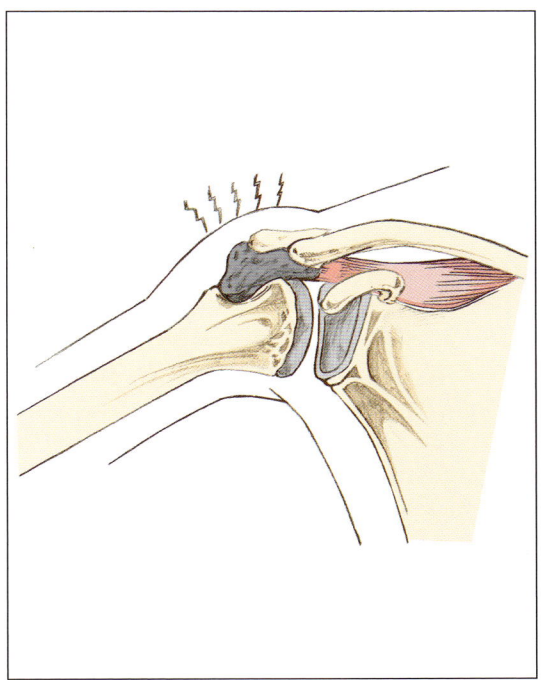

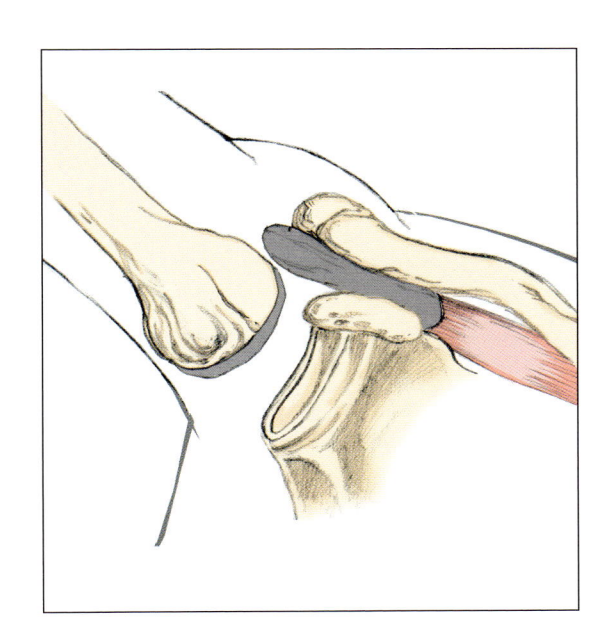

Clavícula
Processo coracóide
Escápula
Úmero
Músculo supra-espinal

DESENVOLVIMENTO INCOMPLETO (MEIO DESENVOLVIMENTO)

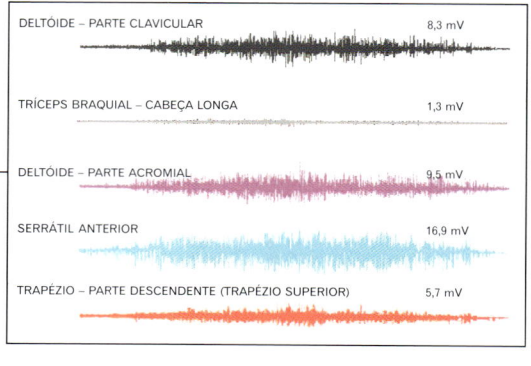

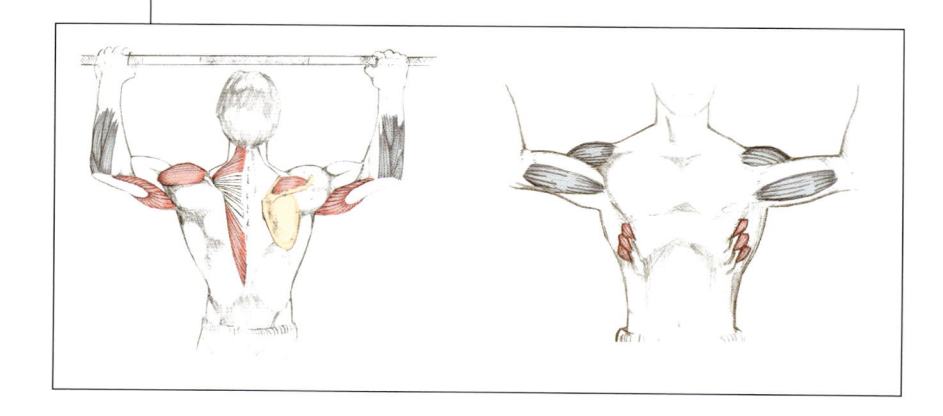

Músculo	Amplitude
DELTÓIDE – PARTE CLAVICULAR	8,3 mV
TRÍCEPS BRAQUIAL – CABEÇA LONGA	1,3 mV
DELTÓIDE – PARTE ACROMIAL	9,5 mV
SERRÁTIL ANTERIOR	16,9 mV
TRAPÉZIO – PARTE DESCENDENTE (TRAPÉZIO SUPERIOR)	5,7 mV

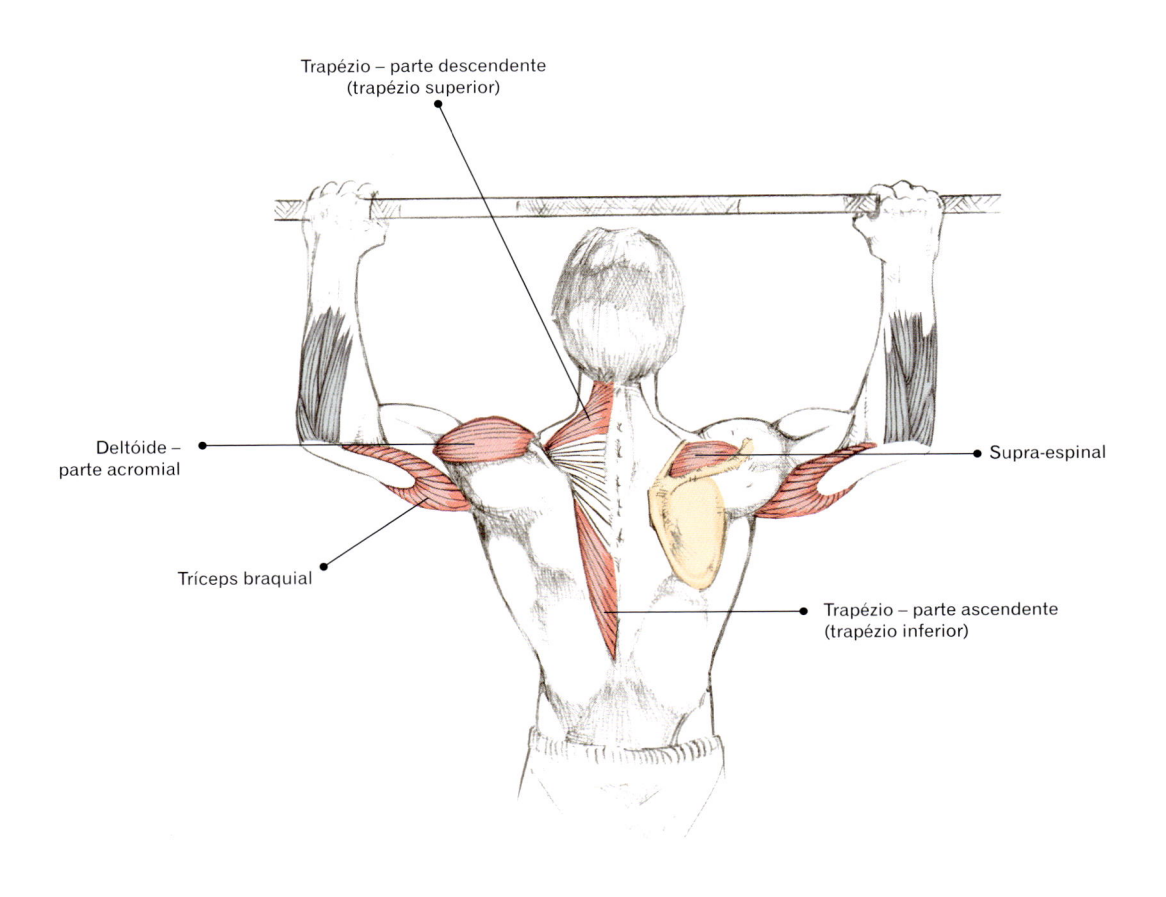

Trapézio – parte descendente
(trapézio superior)

Deltóide –
parte acromial

Tríceps braquial

Supra-espinal

Trapézio – parte ascendente
(trapézio inferior)

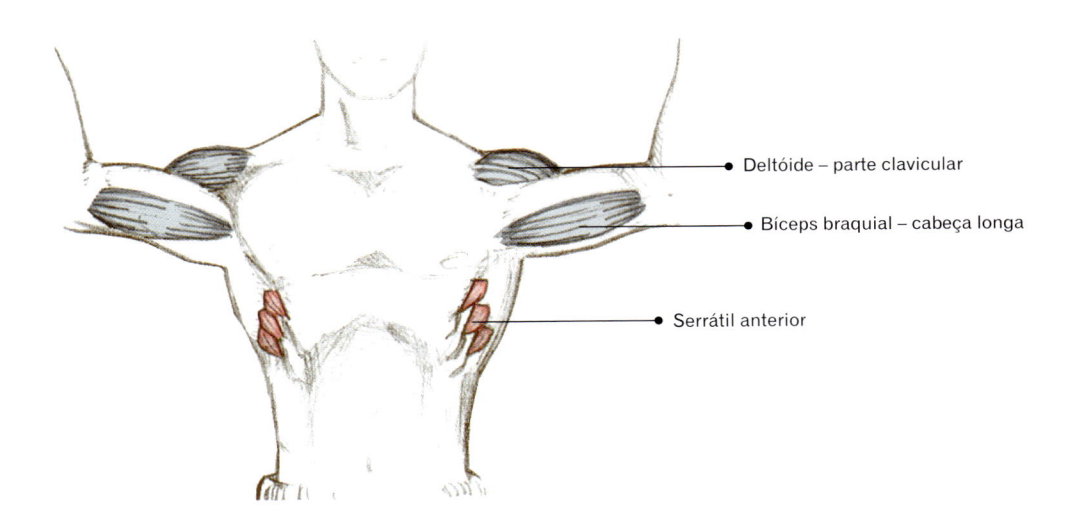

Deltóide – parte clavicular

Bíceps braquial – cabeça longa

Serrátil anterior

Principais articulações envolvidas

- Ombro
- Cintura escapular
- Cotovelo

Análise cinesiológica

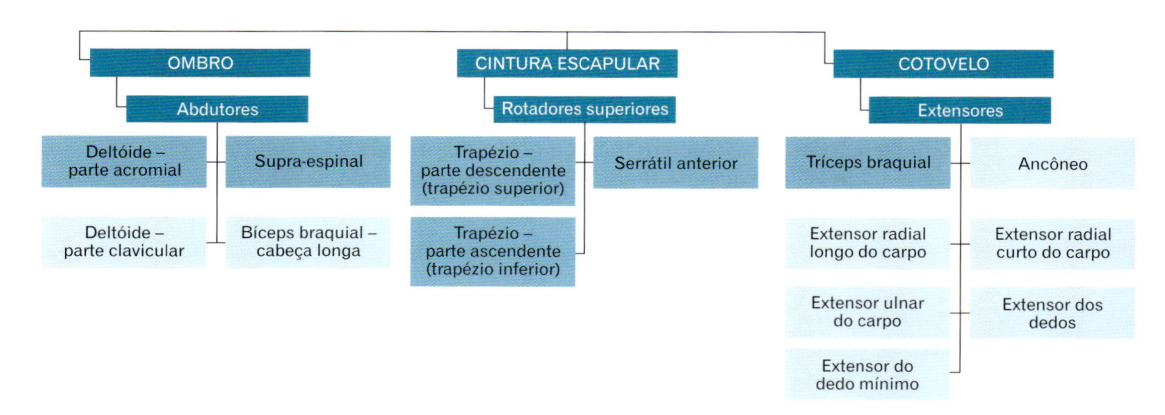

OMBRO — Abdutores
- Deltóide – parte acromial
- Deltóide – parte clavicular
- Supra-espinal
- Bíceps braquial – cabeça longa

CINTURA ESCAPULAR — Rotadores superiores
- Trapézio – parte descendente (trapézio superior)
- Trapézio – parte ascendente (trapézio inferior)
- Serrátil anterior

COTOVELO — Extensores
- Tríceps braquial
- Extensor radial longo do carpo
- Extensor ulnar do carpo
- Extensor do dedo mínimo
- Ancôneo
- Extensor radial curto do carpo
- Extensor dos dedos

Variações

Esse exercício não apresenta variações.

Considerações

Importância da posição do ombro

Como comentado no exercício de elevação lateral, a posição de rotação externa do ombro, durante o exercício, torna-se necessária tanto para minimizar o impacto articular como para possibilitar a execução do movimento em toda a amplitude (90° a 180°).

Posicionamento para execução: em pé *versus* sentado

De acordo com os estudos de Nachemson e Morris (1964), Nachemson (1975) e Wilke e colaboradores (1999), a compressão dos discos intervertebrais na coluna lombar é maior na posição sentada do que na posição em pé, pois a retroversão pélvica, favorecida na posição sentada, desencadeia a retificação da coluna lombar.

> Nesse caso, a posição em pé é mais adequada desde que o indivíduo mantenha as curvaturas fisiológicas durante a execução do exercício, bem como não apresente hiperlordose lombar.

Elevação lateral *versus* desenvolvimento incompleto

De acordo com o que foi mencionado anteriormente, no movimento de abdução do ombro, ocorre a participação sinérgica dos músculos deltóide (parte acromial) e supra-espinal, sendo que sua ativação depende da amplitude de movimento realizada. Assim, no exercício de elevação lateral (movimento que ocorre de 0° a 90°), dá-se ênfase ao supra-espinal, e no exercício desenvolvimento incompleto (movimento que ocorre de 90° a 180°), ao deltóide (parte acromial) (p. 73 e 74).

desenvolvimento incompleto (meio desenvolvimento)

Outro diferencial entre os dois exercícios é a participação do deltóide (parte clavicular), que no desenvolvimento incompleto é maior devido à rotação externa do ombro. Nessa posição, o deltóide (parte clavicular) é deslocado superiormente, beneficiando-se mecanicamente e viabilizando uma melhor ativação durante o exercício. Para realizar a comparação do deltóide (parte clavicular) nas duas situações (articulação do ombro nas posições de rotação externa e neutra), a aquisição do sinal EMG foi realizada no mesmo indivíduo com o torque de resistência semelhante, e foram resguardadas as demais condições técnicas para a coleta do sinal.

Rotação externa

DELTÓIDE – PARTE CLAVICULAR   18,5 mV

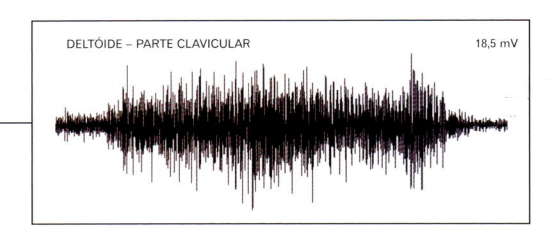

Posição neutra

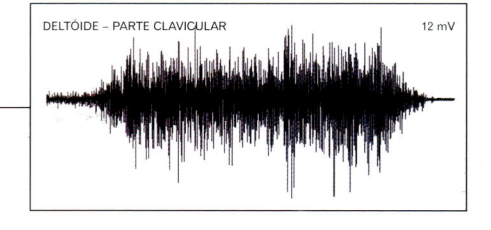

DELTÓIDE – PARTE CLAVICULAR   12 mV

membros superiores

No que se refere à região cervical, o desenvolvimento incompleto pode provocar um aumento da lordose cervical mais pronunciado do que a elevação lateral. Isso se deve ao aumento da ativação do trapézio (parte descendente), desencadeado por uma amplitude maior de rotação superior da cintura escapular. Como conseqüência, observa-se uma tração inferior das vértebras cervicais, o que aumenta a lordose cervical. Também aqui, o sinal EMG foi coletado no mesmo indivíduo e com o torque de resistência semelhante. As fotos somente ilustram os dois exercícios.

> Diante disso, a manutenção da cabeça na posição de lordose fisiológica deve ser observada durante a execução do exercício.

Desenvolvimento incompleto

TRAPÉZIO – PARTE DESCENDENTE (TRAPÉZIO SUPERIOR)   7 mV

TRAPÉZIO – PARTE DESCENDENTE (TRAPÉZIO SUPERIOR)   5,7 mV

ROSCA BÍCEPS

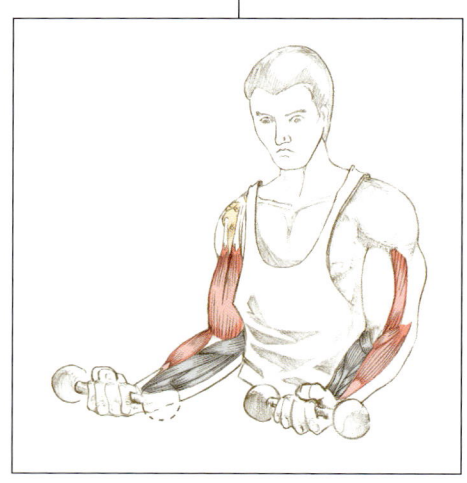

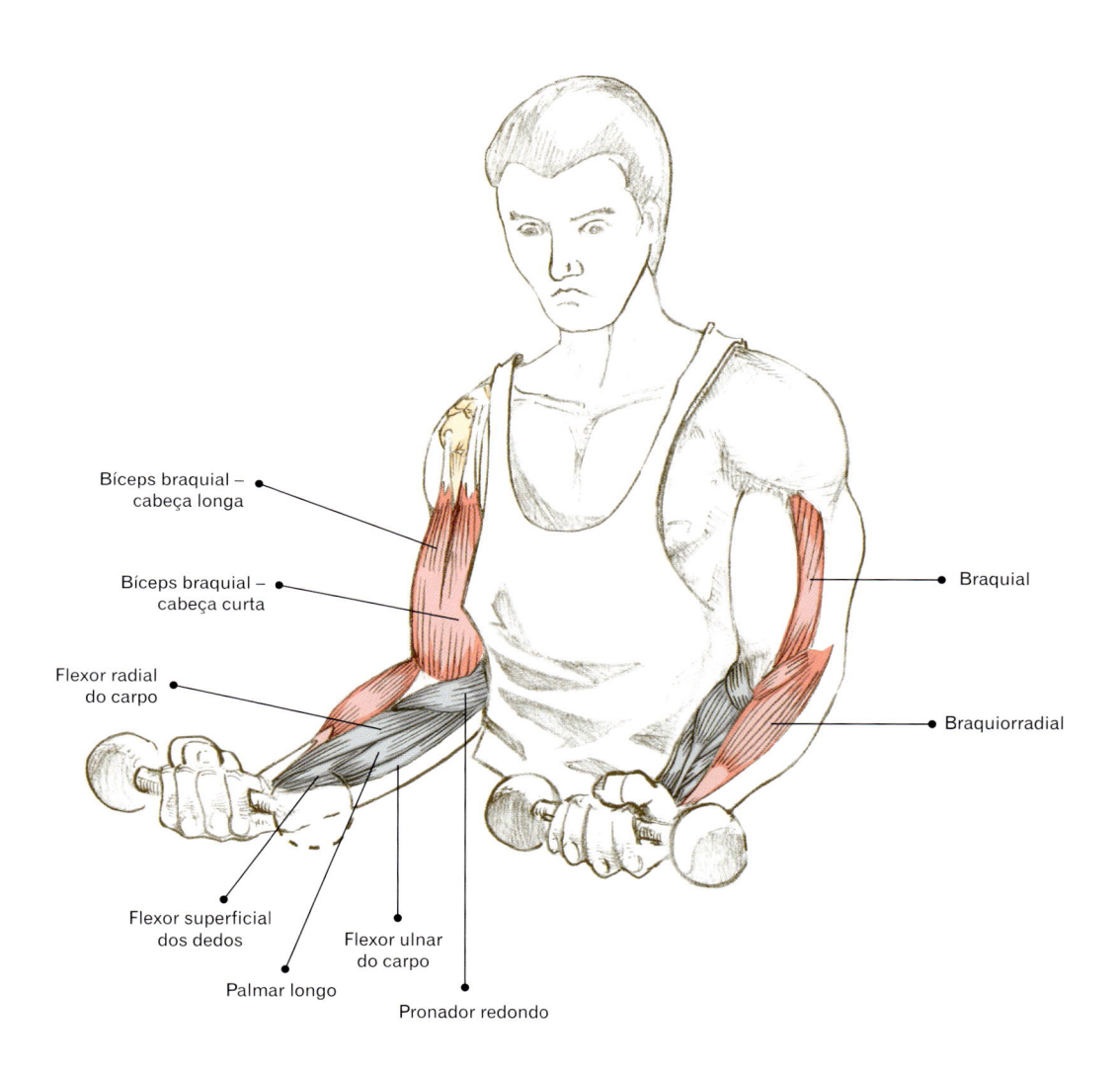

- Bíceps braquial – cabeça longa
- Bíceps braquial – cabeça curta
- Flexor radial do carpo
- Flexor superficial dos dedos
- Palmar longo
- Flexor ulnar do carpo
- Pronador redondo
- Braquial
- Braquiorradial

Principal articulação envolvida
- Cotovelo

Análise cinesiológica

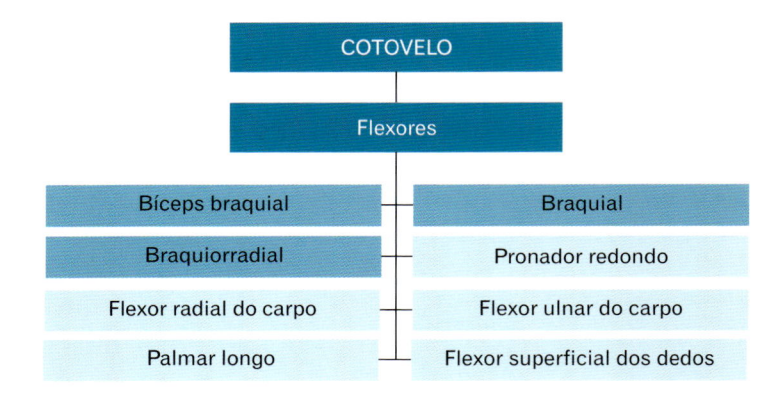

```
                    COTOVELO
                        |
                    Flexores
                        |
        ┌───────────────┼───────────────┐
   Bíceps braquial                   Braquial
   Braquiorradial                 Pronador redondo
   Flexor radial do carpo         Flexor ulnar do carpo
   Palmar longo                   Flexor superficial dos dedos
```

Variações

A execução do exercício de rosca bíceps apresenta algumas variações com o objetivo de ativar diferenciadamente os músculos flexores do cotovelo. Tais variações são estabelecidas de acordo com a posição da articulação radiulnar.

Posição da radiulnar
- Direta ou supinada
- Inversa ou pronada
- Neutra

Direta ou supinada
Em comparação com as roscas inversa ou pronada e neutra:
- A intensidade do trabalho do bíceps braquial é ↑.
- A intensidade do trabalho do braquiorradial é ↓ em relação à neutra.
- A intensidade do trabalho do braquiorradial é semelhante à inversa.

Obs.: As coletas dos sinais EMGs foram obtidas com a mesma carga (2 kg) nos diferentes exercícios.

membros superiores — 85

BÍCEPS BRAQUIAL — 6,4 mV
BRAQUIORRADIAL — 4,7 mV

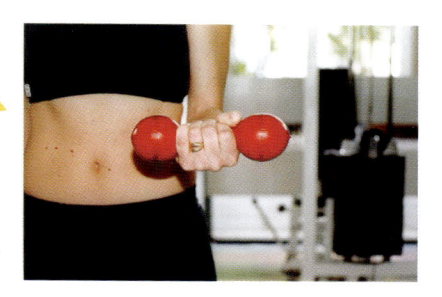

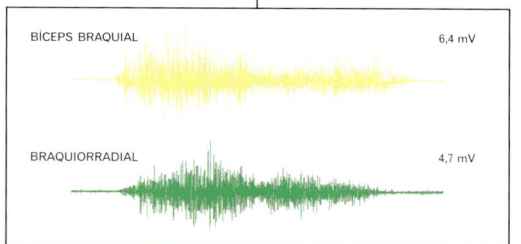

Inversa ou pronada
Em comparação com a rosca direta ou supinada:

- A intensidade do trabalho do bíceps braquial é ↓.
- A intensidade do trabalho do braquiorradial é semelhante.

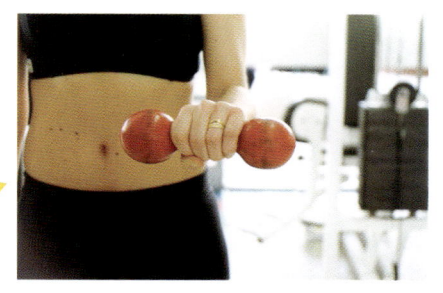

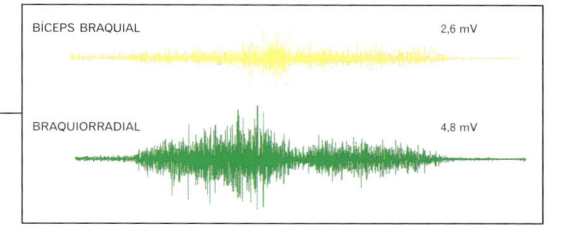

BÍCEPS BRAQUIAL — 2,6 mV
BRAQUIORRADIAL — 4,8 mV

Neutra

Em comparação com a rosca direta ou supinada:

- A intensidade do trabalho do bíceps braquial é ↓.
- A intensidade do trabalho do braquiorradial é ↑.

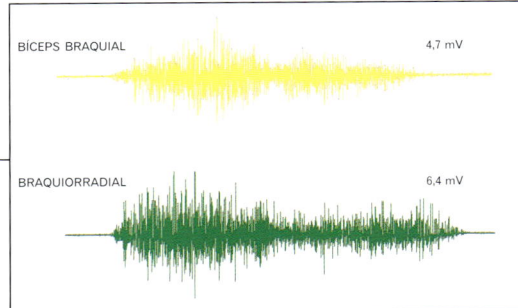

BÍCEPS BRAQUIAL — 4,7 mV

BRAQUIORRADIAL — 6,4 mV

Considerações

Por que a posição da radiulnar interfere no exercício?

O bíceps braquial e o braquiorradial inserem-se no rádio, e o braquial, na ulna. Nos movimentos de pronação e supinação, o único osso deslocado é o rádio, provocando um "deslocamento" das inserções dos músculos nele inseridos e alterando os aspectos mecânicos do movimento. Assim, as modificações de posicionamento da articulação radiulnar irão interferir na ativação dos músculos, conforme mostrado no item variações.

Qual das variações possibilita maior produção de força?

Alguns estudos mostram que a produção de força na rosca bíceps inversa é, aproximadamente, dois terços da força produzida na rosca bíceps direta (Provins e Salter, 1955). Dois são os argumentos que sustentam essa afirmação: (1) na rosca bíceps inversa, o braço de alavanca do bíceps braquial diminui, porque seu tendão enrola-se no rádio, repercutindo negativamente na produção de força; (2) na rosca bíceps direta, o pronador redondo é favorecido na produção de força por estar em uma posição alongada, podendo, assim, auxiliar no movimento de flexão do cotovelo.

Movimentos de flexão e supinação combinados

O movimento de flexão do cotovelo e o de supinação da radiulnar, realizados concomitantemente, aumentam a ativação do bíceps braquial. Isso se deve ao desenvolvimento das duas principais funções desse músculo.

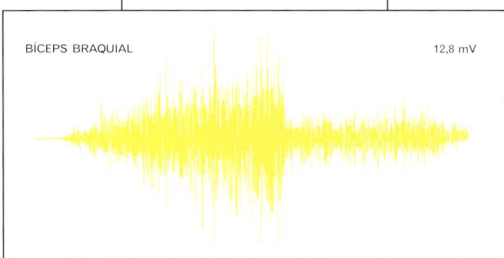

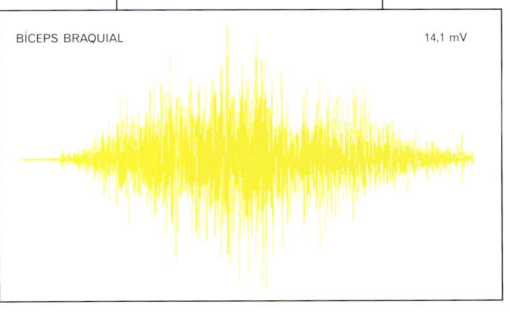

BÍCEPS BRAQUIAL — 12,8 mV

BÍCEPS BRAQUIAL — 14,1 mV

ROSCA TRÍCEPS

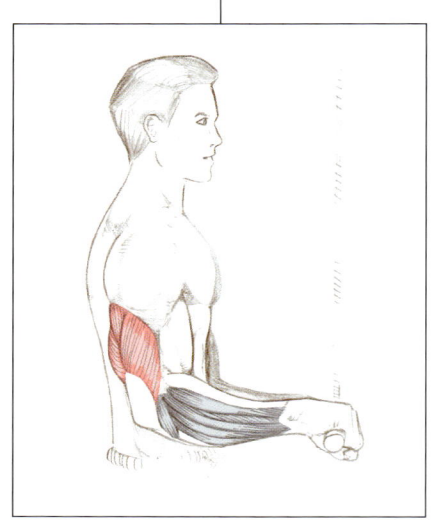

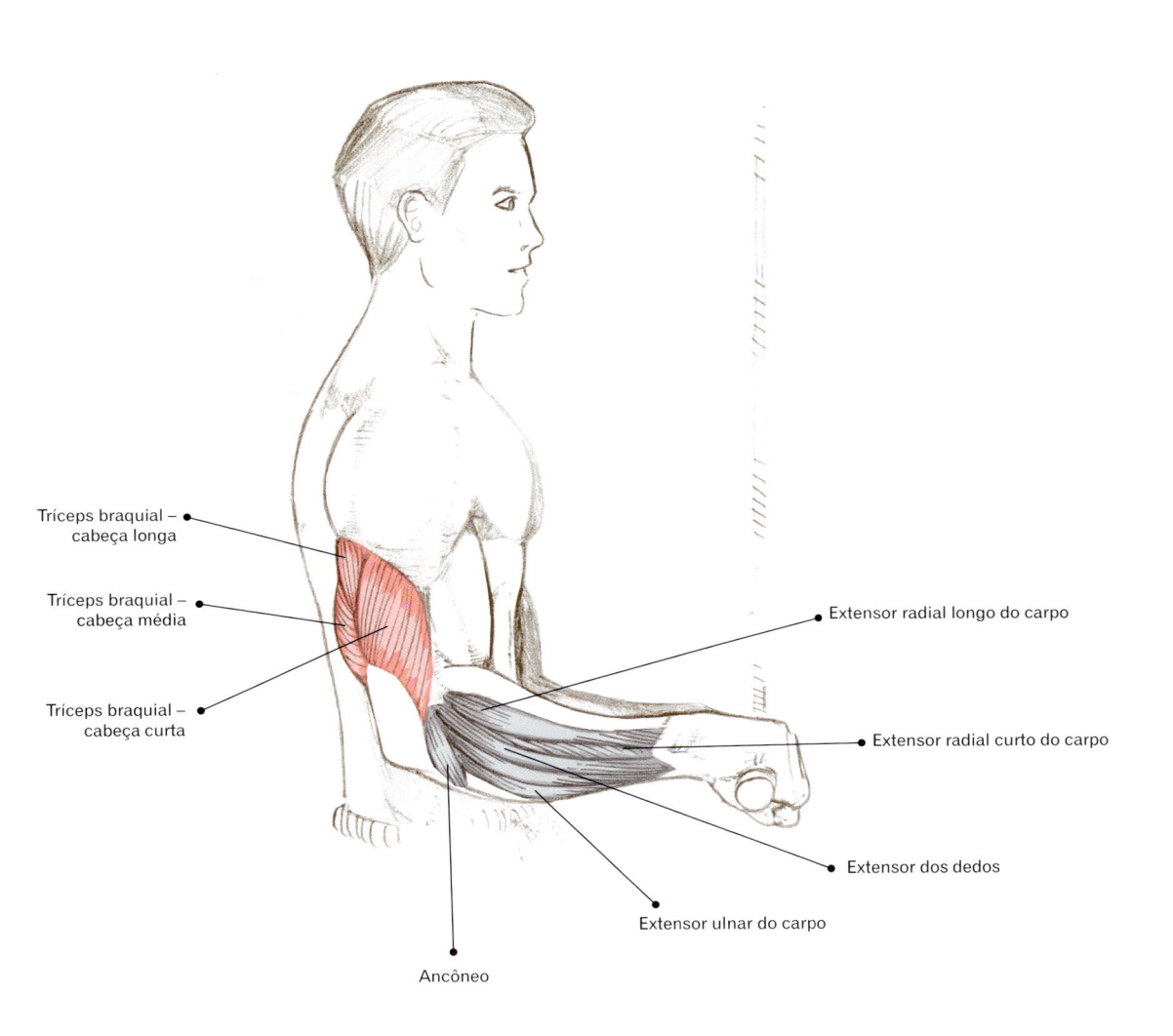

Tríceps braquial – cabeça longa

Tríceps braquial – cabeça média

Tríceps braquial – cabeça curta

Ancôneo

Extensor radial longo do carpo

Extensor radial curto do carpo

Extensor dos dedos

Extensor ulnar do carpo

Principal articulação envolvida
- Cotovelo

Análise cinesiológica

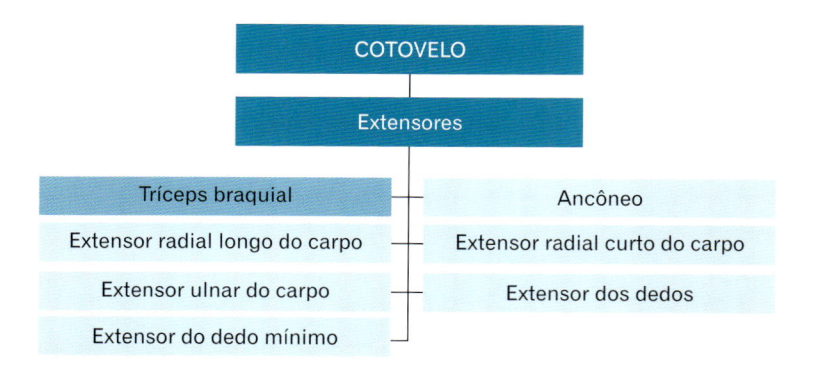

COTOVELO
Extensores

Tríceps braquial	Ancôneo
Extensor radial longo do carpo	Extensor radial curto do carpo
Extensor ulnar do carpo	Extensor dos dedos
Extensor do dedo mínimo	

Variações

A execução do exercício rosca tríceps apresenta algumas variações com o objetivo de ativar de forma diferenciada a cabeça longa do tríceps.

Para efeitos de comparação, serão apresentados os sinais das cabeças longa e curta do tríceps braquial, representando as funções biarticular e monoarticular, respectivamente.

Posição de execução
- Fixa
- Móvel
- Testa

Fixa

Em comparação com a móvel e a testa:

- A intensidade do trabalho da cabeça longa do tríceps braquial é ↓.
- A intensidade do trabalho da cabeça curta do tríceps braquial é ↑ em relação à móvel.
- A intensidade do trabalho da cabeça curta do tríceps braquial é ↑ em relação à testa.

Obs.: As duas fotos a seguir representam as formas básicas de apoio dos pés que podem ser utilizadas na execução da rosca tríceps fixa.

membros superiores 91

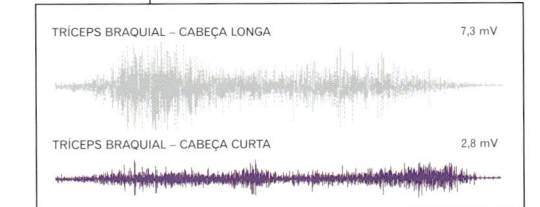

| TRÍCEPS BRAQUIAL – CABEÇA LONGA | 7,3 mV |
| TRÍCEPS BRAQUIAL – CABEÇA CURTA | 2,8 mV |

rosca tríceps

Móvel
Em comparação com a fixa:

- A intensidade do trabalho da cabeça longa do tríceps braquial é ↑.
- A intensidade do trabalho da cabeça curta do tríceps braquial é ↓.

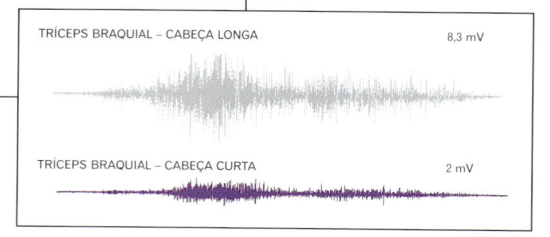

| TRÍCEPS BRAQUIAL – CABEÇA LONGA | 8,3 mV |
| TRÍCEPS BRAQUIAL – CABEÇA CURTA | 2 mV |

Testa
Em comparação com a fixa:

- A intensidade do trabalho da cabeça longa do tríceps braquial é ↑.
- A intensidade do trabalho da cabeça curta do tríceps braquial é ↓.

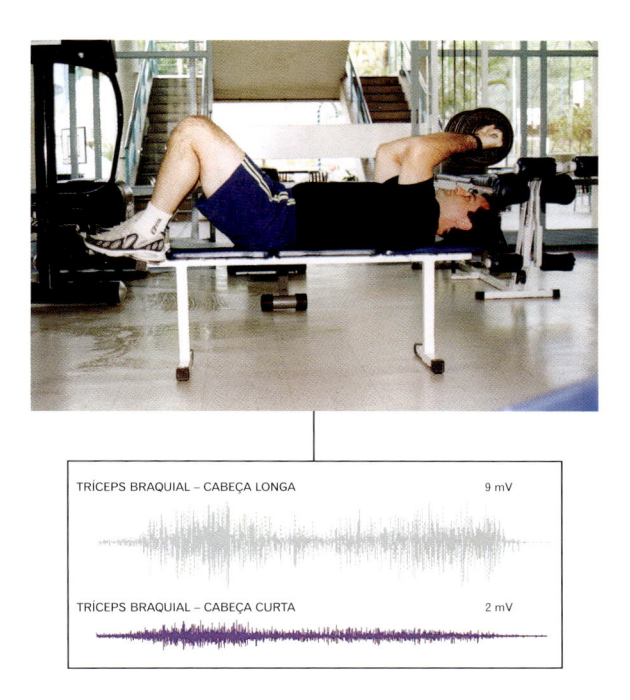

Considerações

A posição da radiulnar interfere no exercício?

A inserção do tríceps braquial localiza-se no olécrano da ulna, sendo que, durante os movimentos de supinação e pronação da radiulnar, a ulna não se movimenta. Conseqüentemente, a posição da radiulnar parece não afetar os aspectos mecânicos do movimento de extensão do cotovelo, bem como não interferir na produção de força desse músculo. No entanto, durante a execução da rosca tríceps ocorre a ativação dos músculos do antebraço como estabilizadores da articulação do punho ou, em algumas situações, como responsáveis pelos movimentos em amplitude reduzida de flexão (rosca pronada) ou extensão (rosca supinada) dessa articulação. O fato de a força dos extensores do punho ser substancialmente menor do que a dos seus antagonistas parece contribuir para a maior ativação do tríceps braquial durante a execução da rosca tríceps supinada.

O que pode ocorrer é que, na posição supinada, os extensores do punho contribuem com o movimento e, na posição pronada, são os flexores do punho que desempenham essa função. Como a força dos flexores do punho é maior que a dos extensores, o tríceps passa a ser mais solicitado na posição supinada.

94 rosca tríceps

Pronada

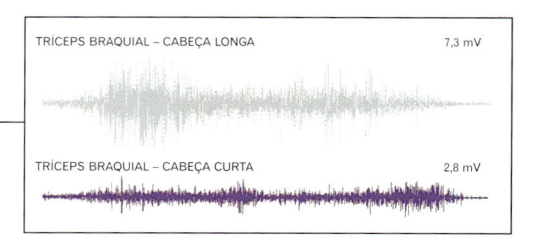

| TRÍCEPS BRAQUIAL – CABEÇA LONGA | 7,3 mV |
| TRÍCEPS BRAQUIAL – CABEÇA CURTA | 2,8 mV |

Supinada

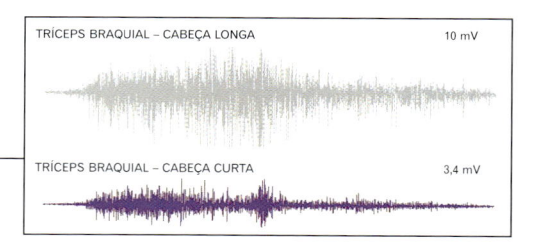

| TRÍCEPS BRAQUIAL – CABEÇA LONGA | 10 mV |
| TRÍCEPS BRAQUIAL – CABEÇA CURTA | 3,4 mV |

Qual das variações possibilita maior deslocamento de carga?

A rosca tríceps móvel apresenta uma participação sinérgica maior por envolver, além dos extensores do cotovelo, os músculos extensores do ombro e os rotadores inferiores da cintura escapular, deslocando, nesse caso, uma carga maior.

No entanto, ao compararmos as variações fixa e testa, que ativam somente os extensores do cotovelo, a rosca tríceps testa possibilitará o deslocamento de uma carga maior devido à cabeça longa do tríceps braquial estar em uma posição mais alongada.

O quadro a seguir demonstra os resultados obtidos por um sujeito, relativos à carga máxima alcançada, nos testes de 1RM para cada variação de rosca tríceps.

Variação do exercício	1 RM
Tríceps móvel	30 kg
Tríceps testa	28 kg
Tríceps fixa	25 kg

ROTAÇÃO EXTERNA

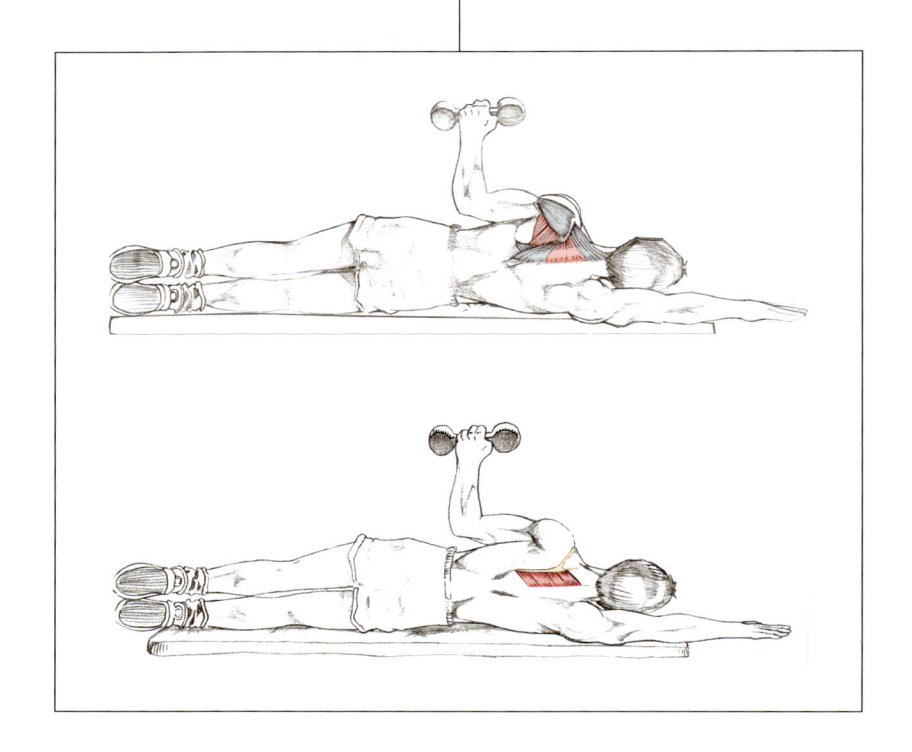

Redondo menor

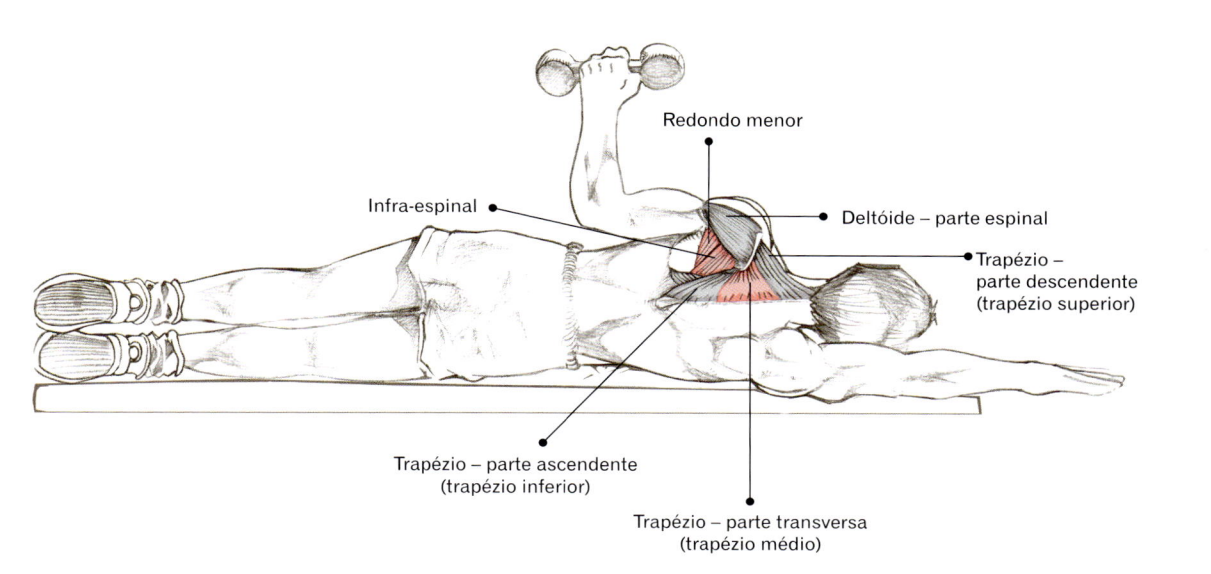

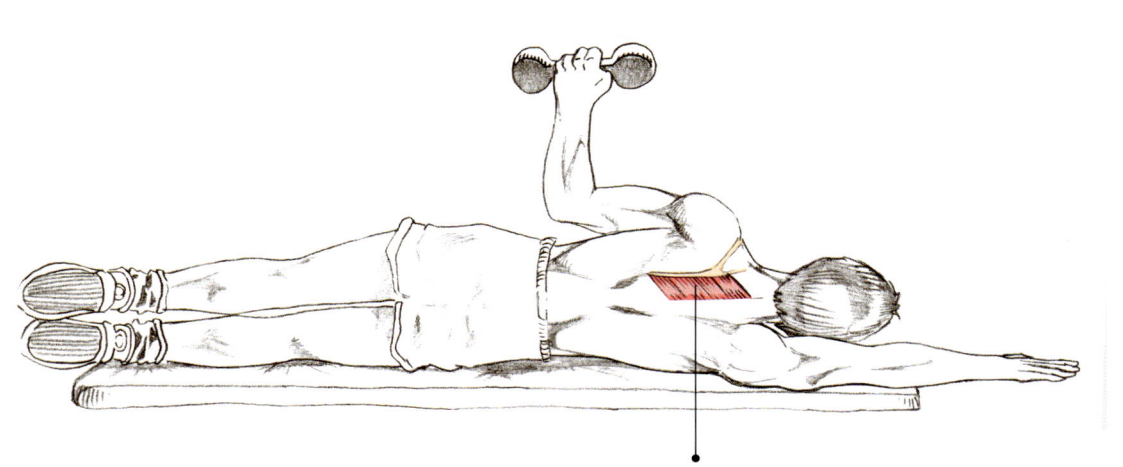

Infra-espinal

Deltóide – parte espinal

Trapézio – parte descendente (trapézio superior)

Trapézio – parte ascendente (trapézio inferior)

Trapézio – parte transversa (trapézio médio)

Rombóides – maior e menor

rotação externa

Principais articulações envolvidas
- Ombro
- Cintura escapular

Análise cinesiológica

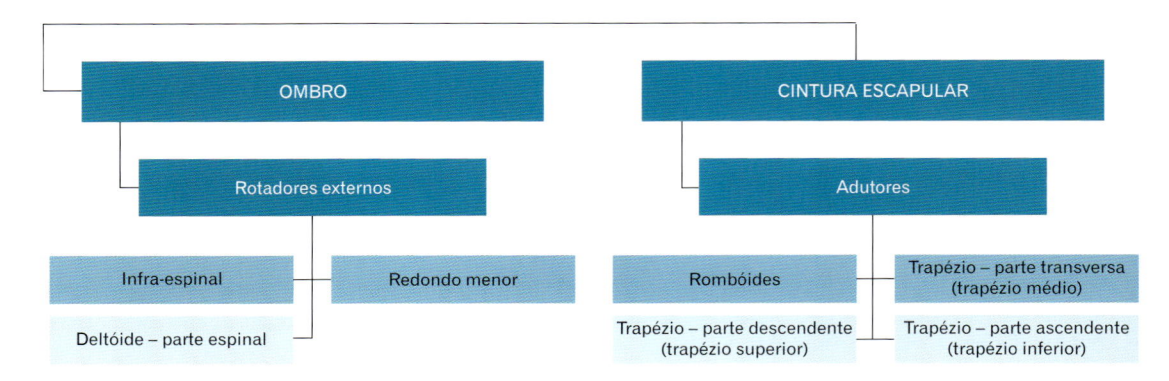

- **OMBRO**
  - Rotadores externos
    - Infra-espinal
    - Redondo menor
    - Deltóide – parte espinal
- **CINTURA ESCAPULAR**
  - Adutores
    - Rombóides
    - Trapézio – parte descendente (trapézio superior)
    - Trapézio – parte transversa (trapézio médio)
    - Trapézio – parte ascendente (trapézio inferior)

Variações

As variações na forma de execução desse movimento não alteram a participação sinérgica dos músculos, mas a intensidade de ativação pode variar.

As possibilidades de execução são: em decúbito lateral com halteres e em pé com *thera band*.

Posição de execução
- Decúbito lateral
- *Thera band* normal
- *Thera band* ombro abduzido em 90°

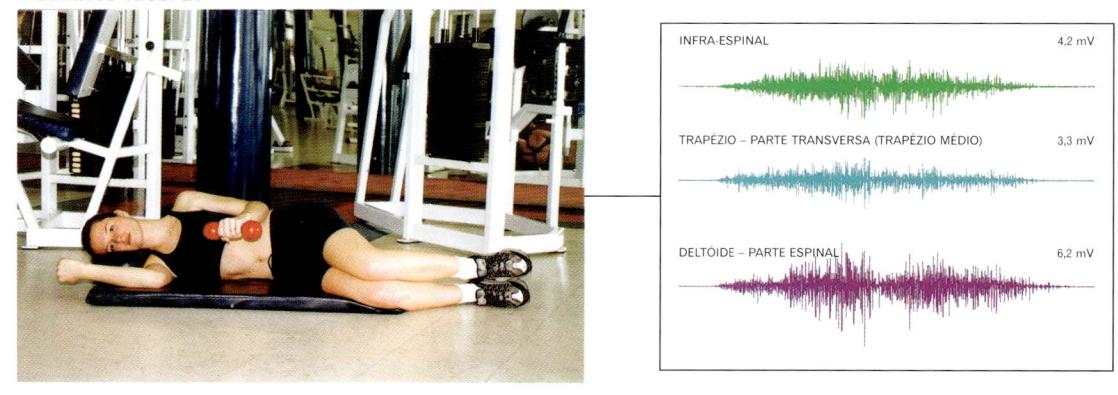

Decúbito lateral

INFRA-ESPINAL — 4,2 mV

TRAPÉZIO – PARTE TRANSVERSA (TRAPÉZIO MÉDIO) — 3,3 mV

DELTÓIDE – PARTE ESPINAL — 6,2 mV

membros superiores | 99

Thera band normal

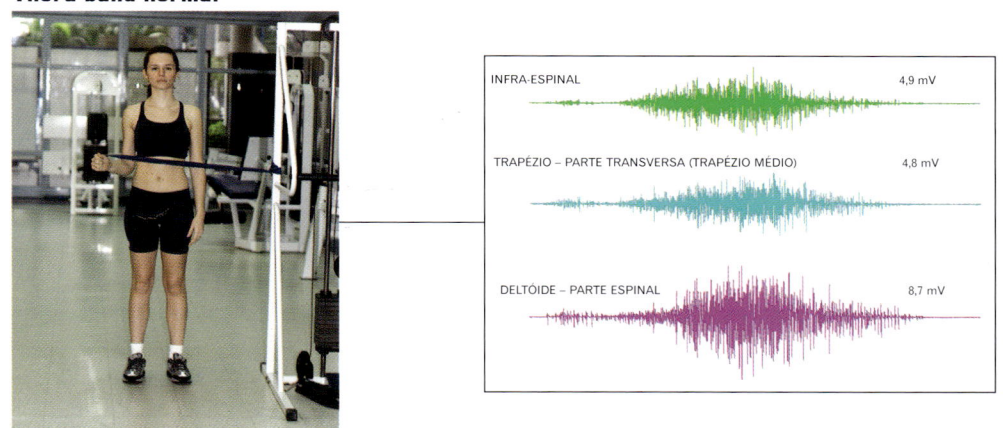

INFRA-ESPINAL 4,9 mV

TRAPÉZIO – PARTE TRANSVERSA (TRAPÉZIO MÉDIO) 4,8 mV

DELTÓIDE – PARTE ESPINAL 8,7 mV

Thera band com ombro abduzido em 90°

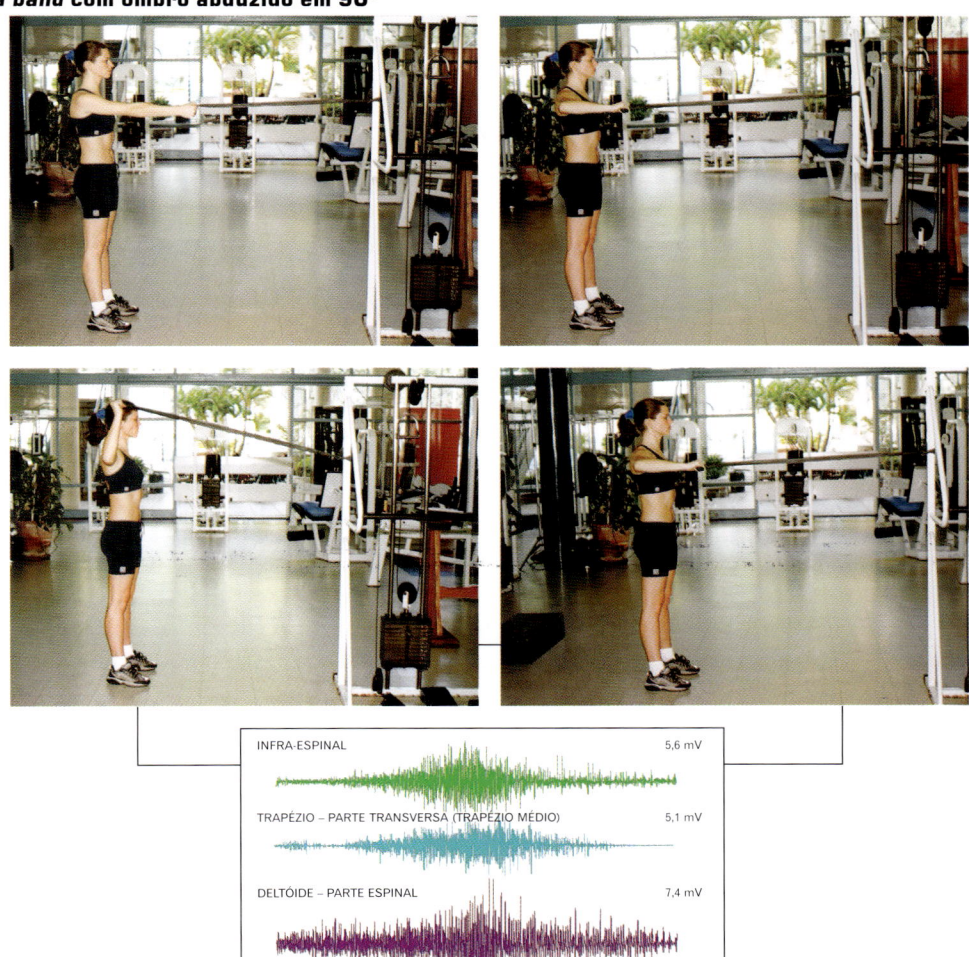

INFRA-ESPINAL 5,6 mV

TRAPÉZIO – PARTE TRANSVERSA (TRAPÉZIO MÉDIO) 5,1 mV

DELTÓIDE – PARTE ESPINAL 7,4 mV

Considerações

Diferença de ativação muscular

Na execução do exercício com halteres na posição de decúbito lateral, o torque de resistência é regressivo no decorrer do movimento devido à diminuição do braço de resistência, sendo quase nulo no final da fase concêntrica. Por outro lado, no exercício de *thera band* normal, apesar da disposição mecânica da carga, a resistência é progressiva em função do aumento na tensão elástica à medida que essa vai estendendo.

Decúbito lateral

INFRA-ESPINAL 4,2 mV

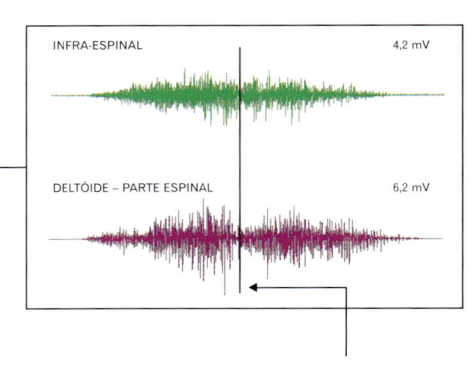

DELTÓIDE – PARTE ESPINAL 6,2 mV

Esta linha representa o término da fase 1 (contração concêntrica) do exercício, demonstrando que há uma redução significativa do sinal no final dessa fase.

Thera band

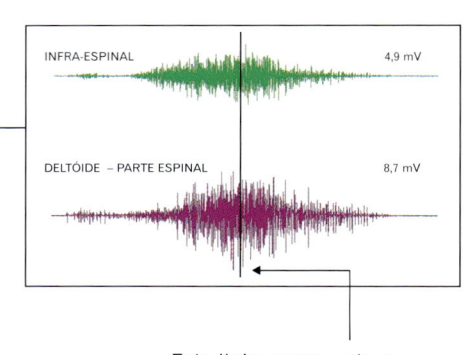

INFRA-ESPINAL 4,9 mV

DELTÓIDE – PARTE ESPINAL 8,7 mV

Esta linha representa o término da fase 1 (contração concêntrica) do exercício, demonstrando que há um aumento significativo do sinal no final dessa fase.

Qual a importância desse tipo de exercício para a estabilidade do ombro?

A estrutura óssea da articulação do ombro predispõe a uma instabilidade articular, e a musculatura acaba tendo um papel importante na sua estabilização. Os principais músculos responsáveis por essa estabilização são os pertencentes ao manguito rotador, composto pelo supraespinal, pelo subescapular, pelo infra-espinal e pelo redondo menor. Esses músculos são os principais responsáveis pelos movimentos de rotação do ombro, sendo que esses movimentos são pouco executados em exercícios específicos, tanto em função da inexistência de equipamentos como também pela falta de clareza em relação à função de estabilização desses músculos, o que torna a articulação do ombro suscetível a lesões.

> Esse exercício é importante para indivíduos que apresentam ombros protraídos com rotação interna associada e deve ser prescrito na rotina de treinamento em virtude de os seus antagonistas, os rotadores internos, serem excessivamente trabalhados de forma indireta em vários outros exercícios, o que não ocorre com os rotadores externos.

A rotação interna deve ou não ser trabalhada?

Os rotadores internos são trabalhados de forma direta ou indireta em grande parte dos movimentos diários, bem como em muitos dos exercícios para os membros superiores prescritos no treinamento de força. Em função disso, a força desse grupo muscular tende a predominar sobre a dos rotadores externos, causando alterações posturais, entre as quais a protração de ombros. Nesse caso, deveria ser enfatizado o reforço dos rotadores externos.

> Nos casos em que o equilíbrio muscular está preservado, é importante o trabalho dos rotadores internos e externos para manter a estabilidade da articulação.

capítulo 3

MEMBROS INFERIORES

sumário
....

extensão do joelho / 104
flexão do joelho / 114
leg press / 120
agachamento / 126
flexão plantar / 134
cadeira abdutora / 140
cadeira adutora / 146
glúteo / 150
flexão do quadril / 156

EXTENSÃO DO JOELHO

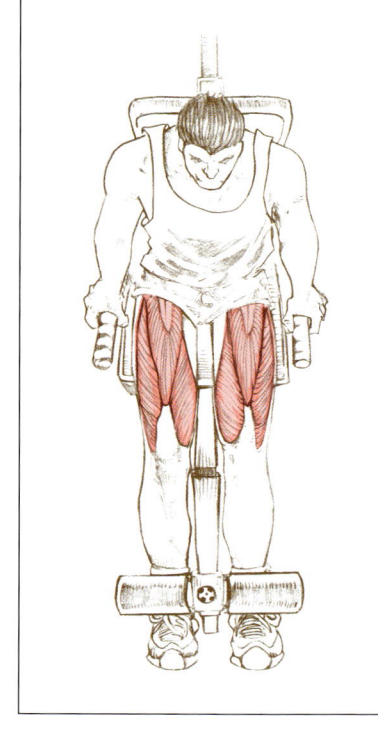

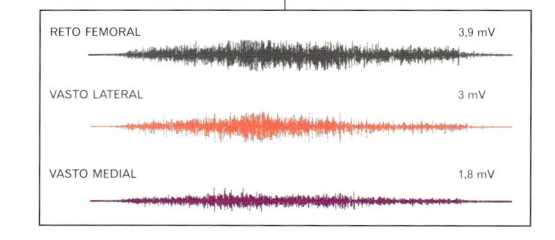

RETO FEMORAL	3,9 mV
VASTO LATERAL	3 mV
VASTO MEDIAL	1,8 mV

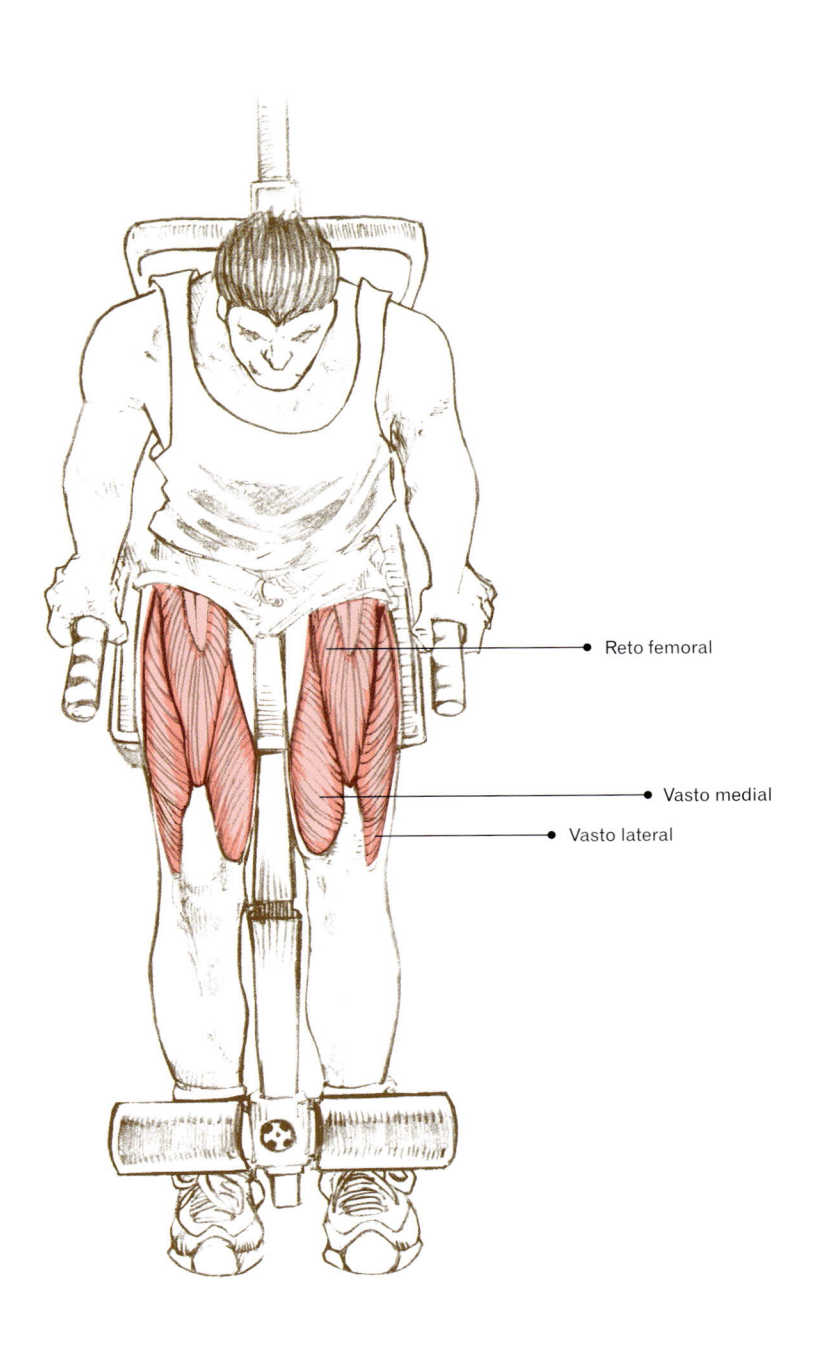

- Reto femoral
- Vasto medial
- Vasto lateral

extensão do joelho

Principal articulação envolvida
- Joelho

Análise cinesiológica

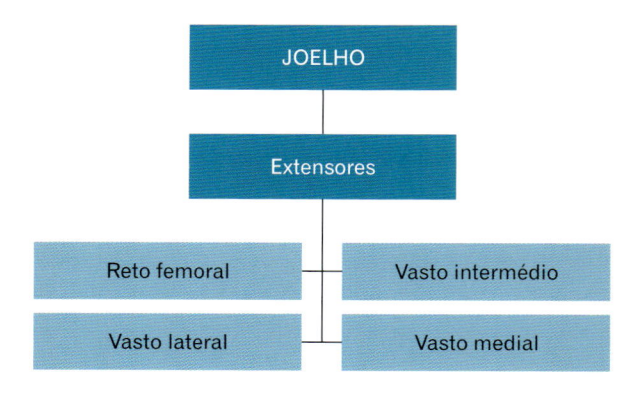

```
              JOELHO
                │
            Extensores
                │
   ┌────────────┼────────────┐
Reto femoral        Vasto intermédio
Vasto lateral       Vasto medial
```

Variações
Esse exercício não apresenta variações.

Considerações

A posição do encosto da cadeira interfere na ativação muscular do quadríceps?

O posicionamento do encosto da cadeira altera a posição da cintura pélvica que, por sua vez, modifica o comprimento muscular do reto femoral e dos isquiotibiais.

O aumento do ângulo entre o assento e o encosto da cadeira permite um maior alongamento do reto femoral e menor co-ativação dos isquiotibiais, condição esta que favorece a produção de força do primeiro. Dessa forma, **para uma mesma carga movimentada** nesse exercício, a ativação do reto femoral é menor quando comparada à posição de menor ângulo entre o assento e o encosto da cadeira. Isso ocorre pela maior participação do componente elástico na produção de força (Enoka, 1997 e 2000).

A diminuição desse ângulo, além de reduzir o comprimento do reto femoral, provoca uma maior resistência (incremento da co-ativação) dos isquiotibiais ao movimento de extensão do joelho devido à sua posição mais alongada. Em condições máximas, tal condição reduz a produção de força do quadríceps femoral (Enoka, 1997).

Nos exemplos a seguir, em que uma carga similar foi movimentada, pode-se observar uma ativação semelhante dos vastos lateral e medial, e isso se deve ao fato de serem músculos monoarticulares e não sofrerem interferência da posição do quadril.

> Indivíduos que apresentam a genuflexão do joelho (com encurtamento associado dos isquiotibiais) devem evitar a realização do exercício com ângulos inferiores a 90° entre o encosto e o assento do equipamento.

membros inferiores

Extensão com quadril em 90°

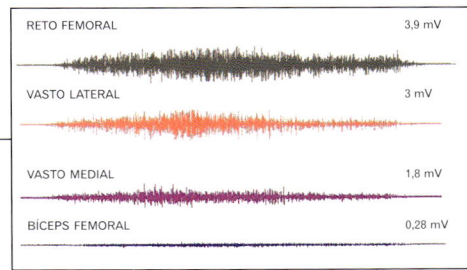

RETO FEMORAL	3,9 mV
VASTO LATERAL	3 mV
VASTO MEDIAL	1,8 mV
BÍCEPS FEMORAL	0,28 mV

Extensão com quadril mais estendido

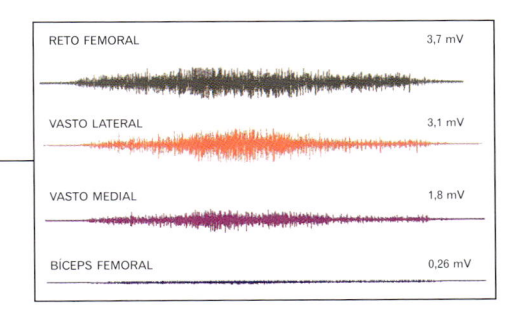

RETO FEMORAL	3,7 mV
VASTO LATERAL	3,1 mV
VASTO MEDIAL	1,8 mV
BÍCEPS FEMORAL	0,26 mV

Extensão com quadril mais flexionado

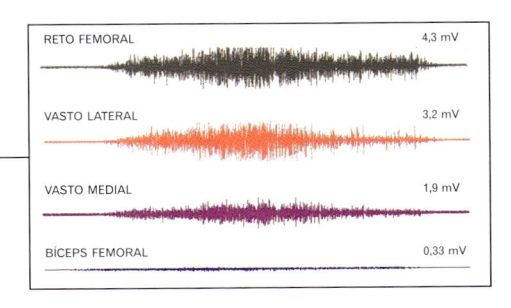

RETO FEMORAL	4,3 mV
VASTO LATERAL	3,2 mV
VASTO MEDIAL	1,9 mV
BÍCEPS FEMORAL	0,33 mV

Existe diferença na ativação muscular do quadríceps durante o movimento de extensão do joelho?

A posição anatômica do fêmur associada à movimentação da tíbia durante a extensão do joelho ocasiona a lateralização da patela, sendo esta mais pronunciada no final da extensão, o que exige uma maior ativação do vasto medial para compensar essa tendência. Segundo

extensão do joelho

Rasch e Burke (1977), Lehmkuhl, Weiss e Smith (1997) e Escamilla e colaboradores (1998), o vaso medial apresenta maior ativação nos últimos 30° da extensão do joelho.

Obs.: O sinal a seguir representa somente a fase concêntrica do movimento até a extensão completa.

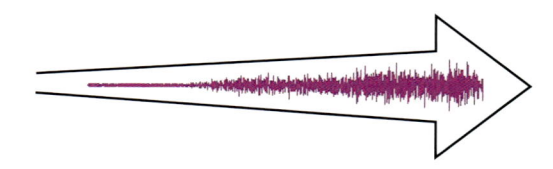

Essa tendência deve-se ao fato de a soma dos componentes de força laterais dos músculos vasto intermédio, vasto lateral e reto femoral ser maior que o componente de força medial do vasto medial (Brown, 2001). Além disso, a soma da área de secção transversa dos primeiros músculos é aproximadamente três vezes maior (reto da coxa: 12,7 cm^2; vasto intermédio: 22,3 cm^2; e vasto lateral: 30,6 cm^2) que a do vasto medial (21,1 cm^2) (Enoka, 2000).

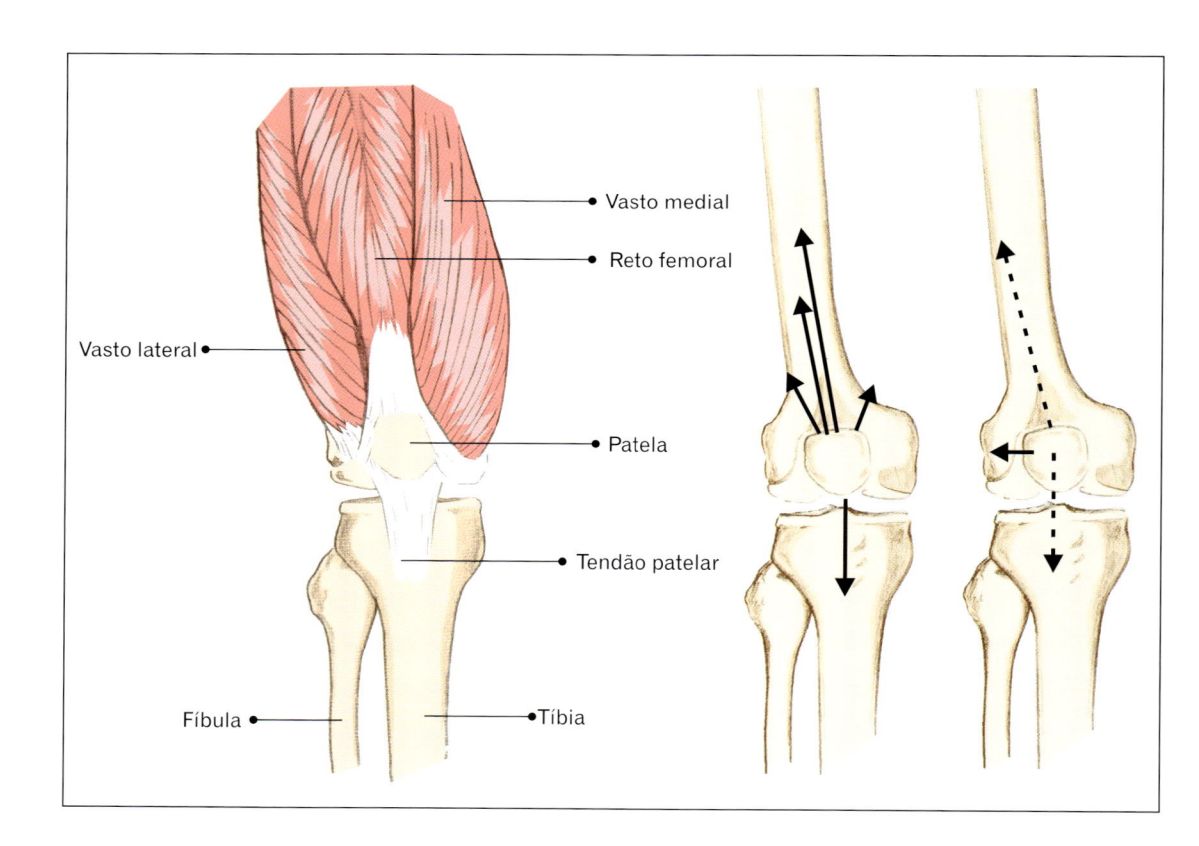

As mulheres, por apresentarem uma maior obliqüidade do fêmur e, conseqüentemente, maior lateralização da patela, necessitam de maior reforço do vasto medial, evitando, com isso, um movimento inadequado da patela no seu eixo de ação, que poderia ocasionar alterações como a condromalacia.

As rotações do joelho e do quadril podem interferir na ativação do vastos medial e lateral?

Joelho

A impossibilidade de manter o joelho em rotação externa ou interna até o movimento final da extensão, devido ao posicionamento articular e ao tensionamento dos ligamentos mediais e laterais, inviabiliza a manutenção da rotação com o joelho em extensão (Rasch e Burke, 1977).

Dessa forma, a alteração do vetor de força dos vastos lateral e medial que ocorre com a rotação do joelho só consegue intensificar a ativação do vasto medial com a rotação externa do joelho, e a do vasto lateral com a rotação interna, nos ângulos de flexão maiores que 30° (Thompson e Floyd, 1997).

Cabe salientar que não é possível manter a rotação externa que intensifica o trabalho do vasto medial nos últimos 30° de extensão do joelho. Portanto, realizar a extensão associada à rotação externa não substitui a intensificação do trabalho do vasto medial que ocorre no final da extensão do joelho.

A extensão do joelho associada à rotação interna intensifica a ação do vasto lateral devido ao deslocamento medial da sua inserção na tíbia, que altera o vetor de força do músculo. No entanto, esse recurso intensifica o desequilíbrio lateral da patela, mencionado no item "Existe diferença na ativação muscular do quadríceps durante o movimento de extensão do joelho?".

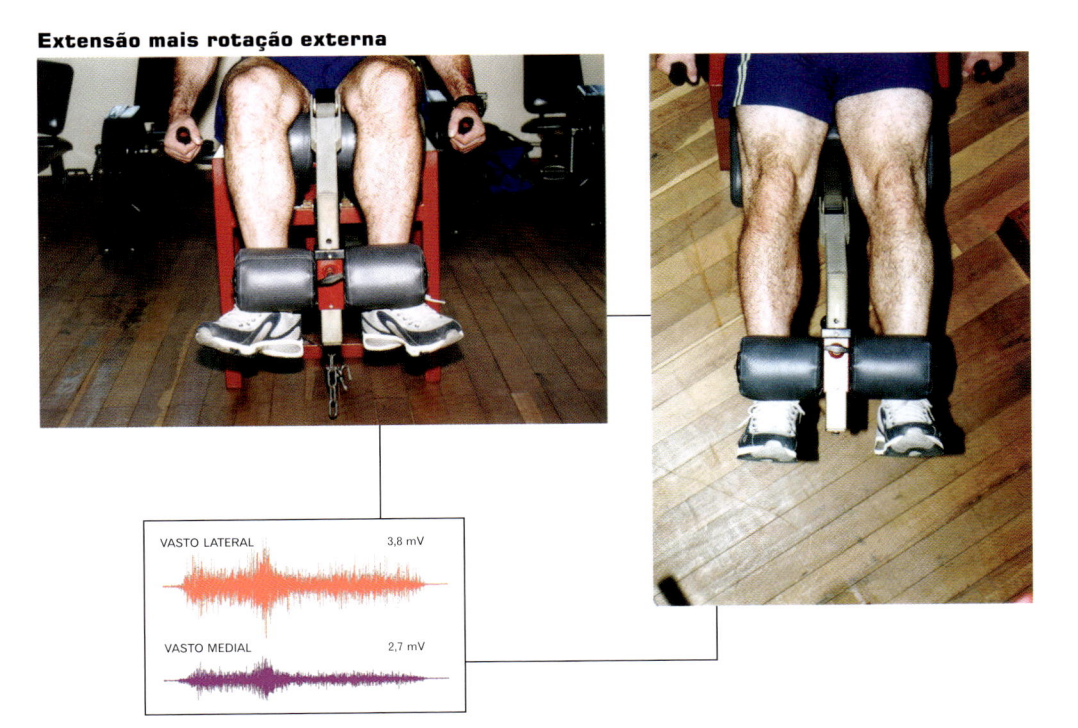

Extensão mais rotação externa

| VASTO LATERAL | 3,8 mV |
| VASTO MEDIAL | 2,7 mV |

Extensão mais rotação interna

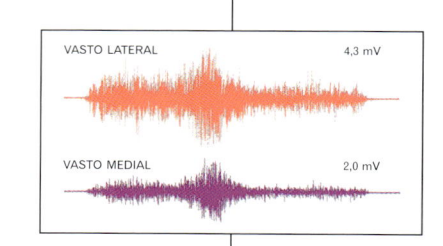

Quadril
As rotações externa e interna do quadril são equivocadamente utilizadas para alterar a ativação dos vastos medial e lateral, devido à impossibilidade de realizar as rotações externa e interna do joelho com este em extensão. Isso fica evidenciado na medida em que esse movimento não altera a função dos vastos medial e lateral no que se refere aos aspectos mecânico e fisiológico.

membros inferiores 111

Extensão mais rotação externa

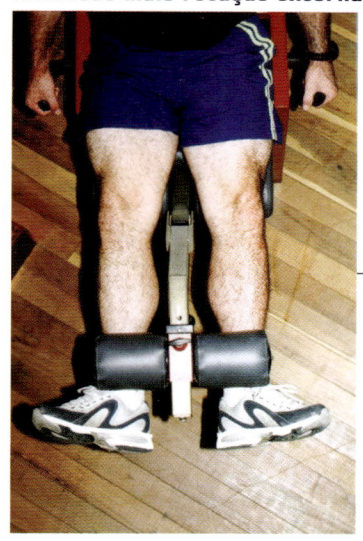

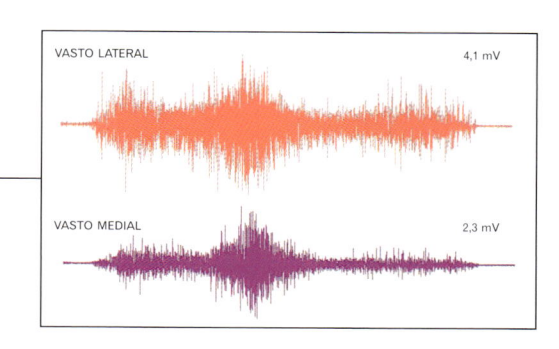

VASTO LATERAL 4,1 mV

VASTO MEDIAL 2,3 mV

Extensão mais rotação interna

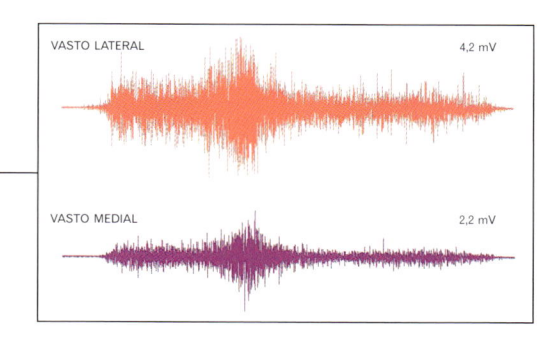

VASTO LATERAL 4,2 mV

VASTO MEDIAL 2,2 mV

extensão do joelho

Realizar o movimento de extensão do joelho na cadeira extensora e com a caneleira provoca o mesmo efeito na musculatura do quadríceps?

O efeito na musculatura do quadríceps é diferenciado quando se compara a extensão do joelho na cadeira extensora com a caneleira, **considerando a mesma carga**. Enquanto na cadeira extensora a força resistente proveniente da máquina vai diminuindo à medida que o joelho se estende, no exercício realizado com a caneleira ocorre o oposto, ou seja, a resistência vai aumentando à medida que o joelho se estende. Nesse caso, a extensão do joelho com a caneleira trabalha de forma mais intensa o vasto medial por oferecer maior resistência nos últimos graus de extensão.

Algumas questões de ordem prática

A forma de execução da extensão do joelho, independentemente do tipo de equipamento, pode provocar uma alteração do equilíbrio na articulação femoropatelar. Alguns cuidados em relação ao vasto medial deveriam ser observados para minimizar esse desequilíbrio: (1) realizar o movimento até o final da extensão, (2) trabalhar a extensão do joelho com a caneleira e (3) executar exercício específico de extensão do joelho nos últimos 30°.

Cadeira extensora

membros inferiores | 113

Caneleira

FLEXÃO DO JOELHO

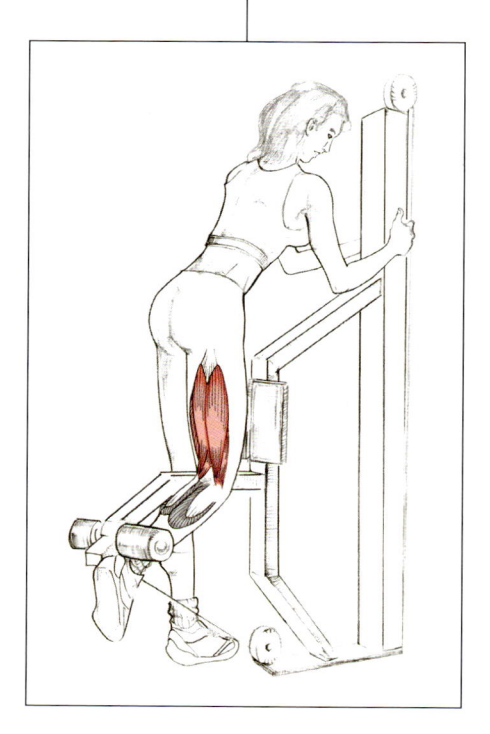

Semitendíneo

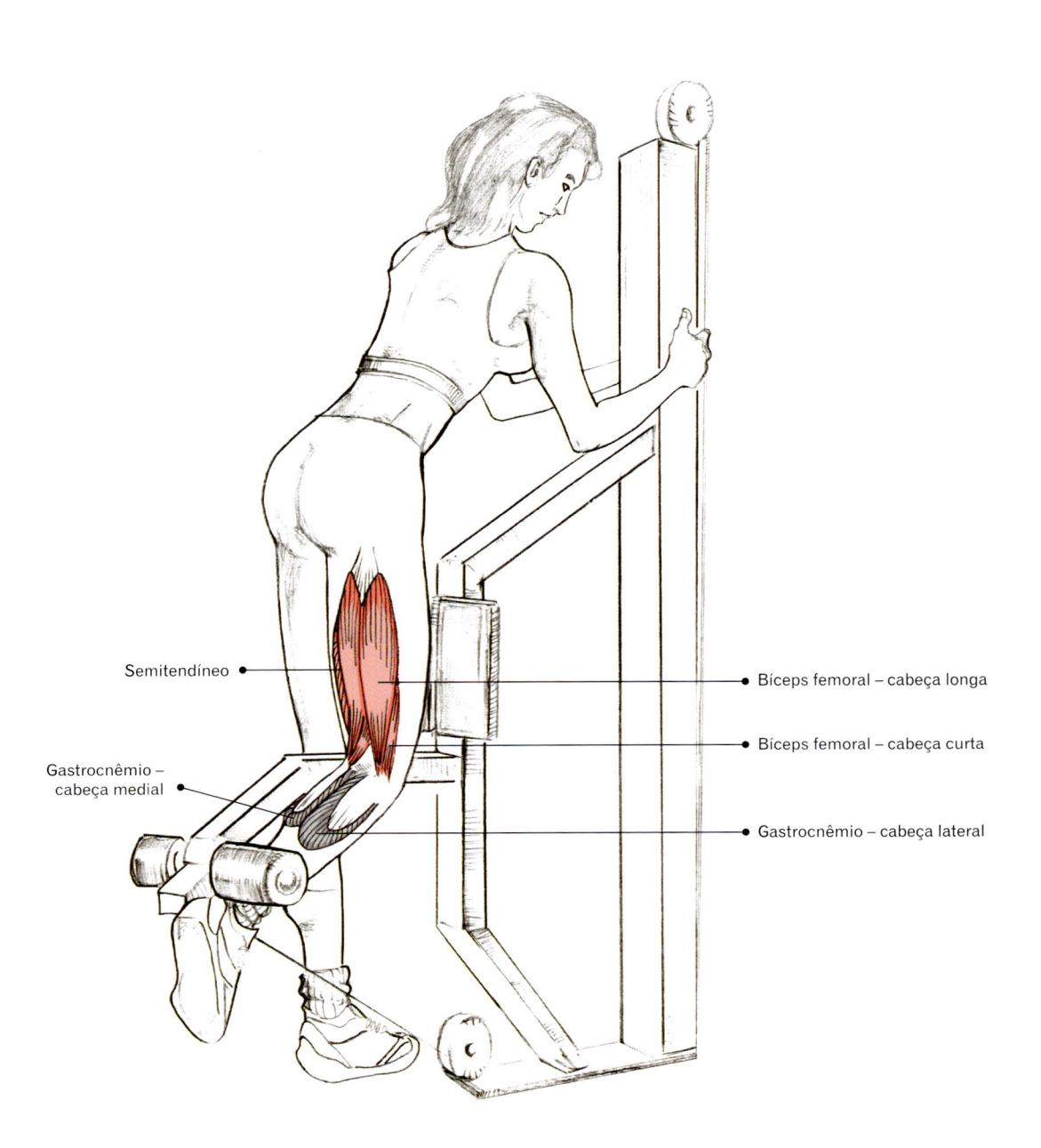

Gastrocnêmio – cabeça medial

Bíceps femoral – cabeça longa

Bíceps femoral – cabeça curta

Gastrocnêmio – cabeça lateral

flexão do joelho

Principal articulação envolvida
- Joelho

Análise cinesiológica

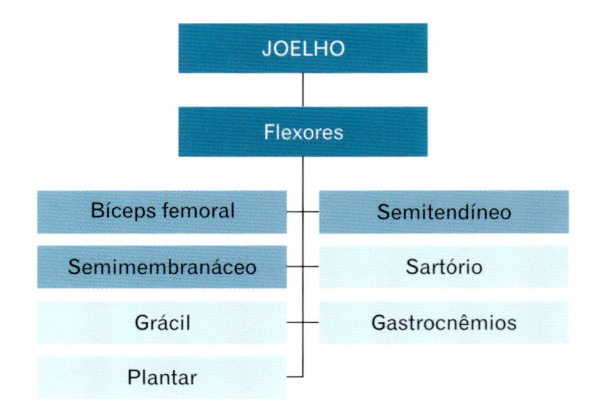

```
                    JOELHO
                       |
                    Flexores
         _____
        |                           |
   Bíceps femoral              Semitendíneo
   Semimembranáceo               Sartório
       Grácil                  Gastrocnêmios
       Plantar
```

Variações

As variações na forma de execução desse movimento não alteram a participação sinérgica dos músculos, mas a intensidade da ativação dos músculos envolvidos no movimento pode sofrer alguma alteração.

Há duas possibilidades de execução: em pé e em decúbito ventral. Todas as considerações sobre esse exercício serão demonstradas na posição em pé.

Posição de execução
- Em pé
- Em decúbito ventral

Em pé

Músculo	Ativação
BÍCEPS FEMORAL	3 mV
SEMITENDÍNEO	2,8 mV
SEMIMEMBRANÁCEO	2,2 mV
GASTROCNÊMIO – CABEÇA LATERAL	1,4 mV

Em decúbito ventral

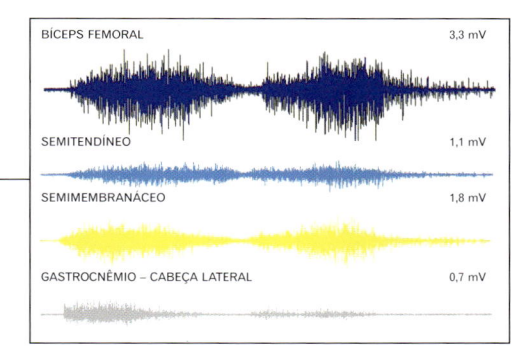

BÍCEPS FEMORAL	3,3 mV
SEMITENDÍNEO	1,1 mV
SEMIMEMBRANÁCEO	1,8 mV
GASTROCNÊMIO – CABEÇA LATERAL	0,7 mV

Considerações

A posição da cintura pélvica interfere na ativação dos isquiotibiais?

Os músculos flexores do joelho se originam na tuberosidade isquiática. Dessa forma, quando ocorre movimento de báscula anterior da cintura pélvica, há um deslocamento posterior da origem muscular, melhorando o aspecto fisiológico (maior alongamento e maior contribuição do tecido conjuntivo) e o mecânico (aumento do braço de potência dos músculos) dos isquiotibiais. Portanto, com o movimento de báscula anterior da cintura pélvica, os isquiotibiais realizam menor esforço **para movimentar uma mesma carga.**

> No entanto, esse movimento provoca um aumento da lordose fisiológica e, conseqüentemente, provoca um aumento da atividade dos extensores da coluna, gerando uma sobrecarga desnecessária na coluna lombar.

Flexão do joelho – cintura pélvica normal

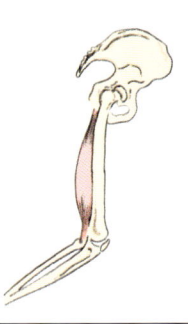

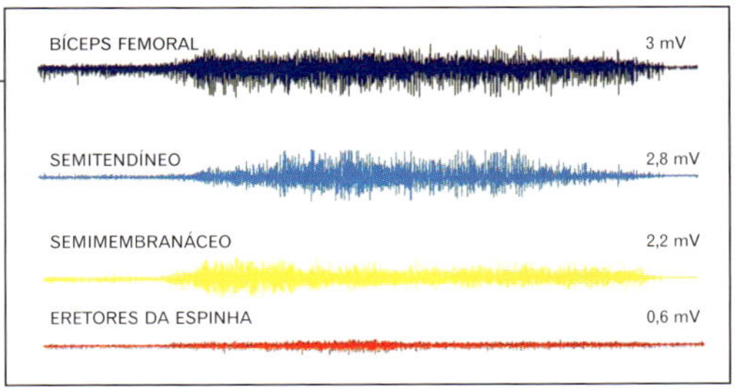

BÍCEPS FEMORAL	3 mV
SEMITENDÍNEO	2,8 mV
SEMIMEMBRANÁCEO	2,2 mV
ERETORES DA ESPINHA	0,6 mV

flexão do joelho

Flexão do joelho – cintura pélvica com báscula anterior

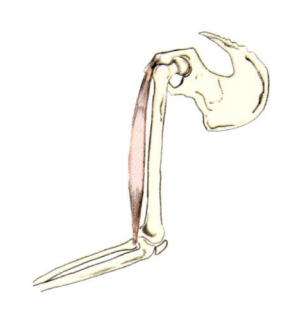

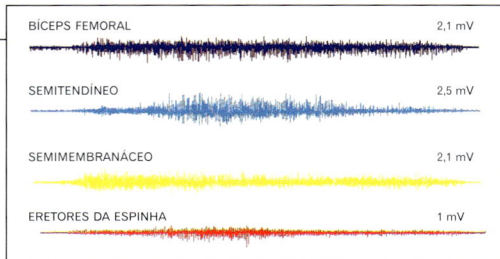

BÍCEPS FEMORAL	2,1 mV
SEMITENDÍNEO	2,5 mV
SEMIMEMBRANÁCEO	2,1 mV
ERETORES DA ESPINHA	1 mV

As rotações do joelho interferem na ativação dos isquiotibiais?

Conforme mencionado anteriormente (p. 109), as rotações no joelho só ocorrem após 30° de flexão. Sendo assim, diferentemente do que ocorre na extensão, a possibilidade de associação dos movimentos de flexão com a rotação do joelho permite a ativação seletiva dos isquiotibiais. Na flexão associada à rotação interna, o trabalho dos músculos semitendíneo e semimembranáceo é intensificado, e na flexão associada à rotação externa o trabalho do bíceps femoral é intensificado. Nos exemplos a seguir, as cargas deslocadas são equivalentes.

Flexão mais rotação interna

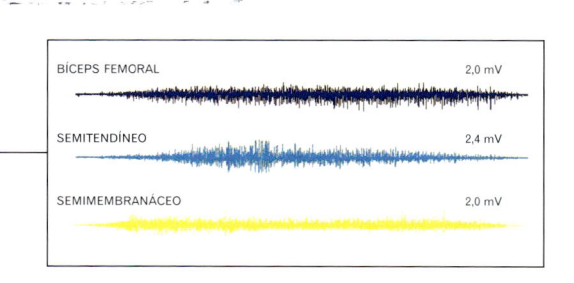

BÍCEPS FEMORAL	2,0 mV
SEMITENDÍNEO	2,4 mV
SEMIMEMBRANÁCEO	2,0 mV

Flexão mais rotação externa

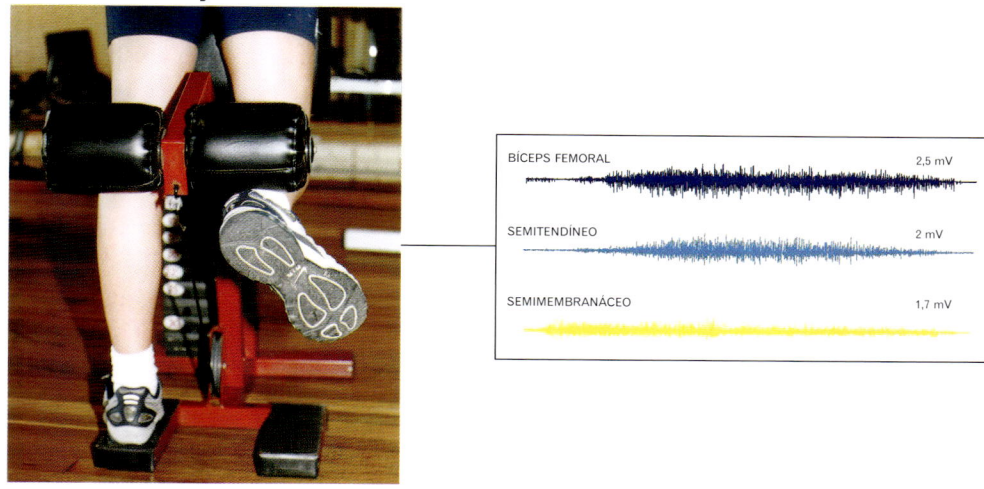

BÍCEPS FEMORAL	2,5 mV
SEMITENDÍNEO	2 mV
SEMIMEMBRANÁCEO	1,7 mV

Qual é a diferença entre realizar a flexão do joelho com a articulação do tornozelo em flexão dorsal ou flexão plantar?

Os gastrocnêmios participam da flexão do joelho principalmente na fase inicial. Dessa forma, a posição do tornozelo em flexão dorsal provocará um maior alongamento dos gastrocnêmios, o que facilitará a sua produção de força (maior participação do tecido conjuntivo). Nesse caso, a ativação dos isquiotibiais diminui. Nos exemplos a seguir, as cargas deslocadas são equivalentes.

Flexão – flexão dorsal

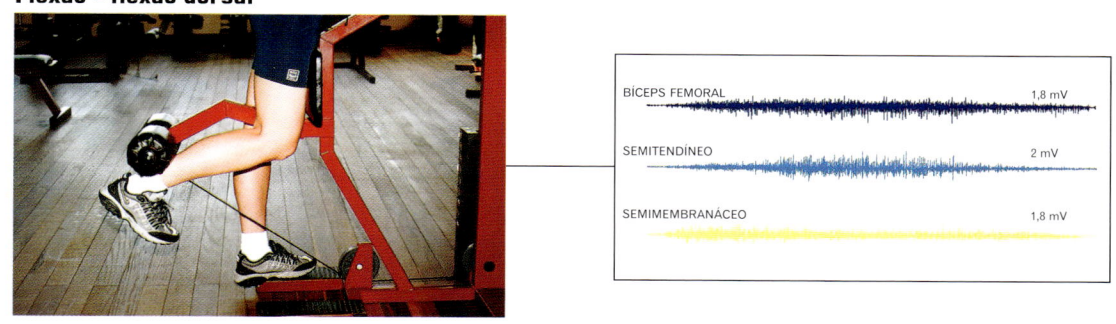

BÍCEPS FEMORAL	1,8 mV
SEMITENDÍNEO	2 mV
SEMIMEMBRANÁCEO	1,8 mV

Flexão – flexão plantar

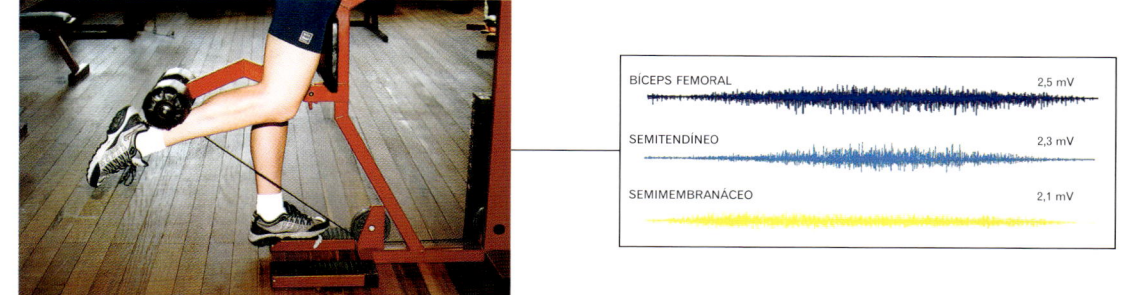

BÍCEPS FEMORAL	2,5 mV
SEMITENDÍNEO	2,3 mV
SEMIMEMBRANÁCEO	2,1 mV

LEG PRESS

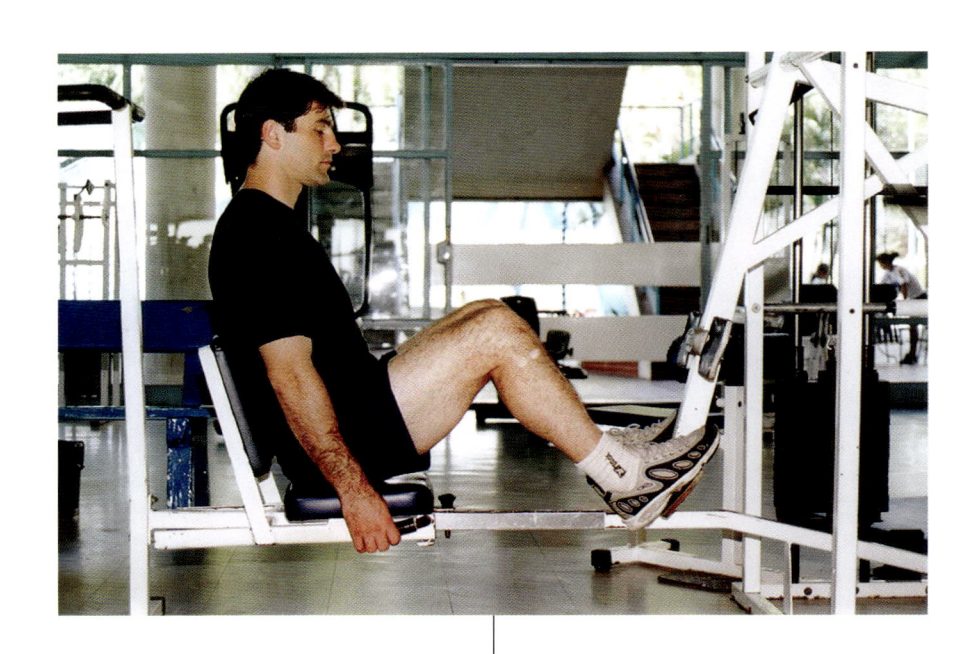

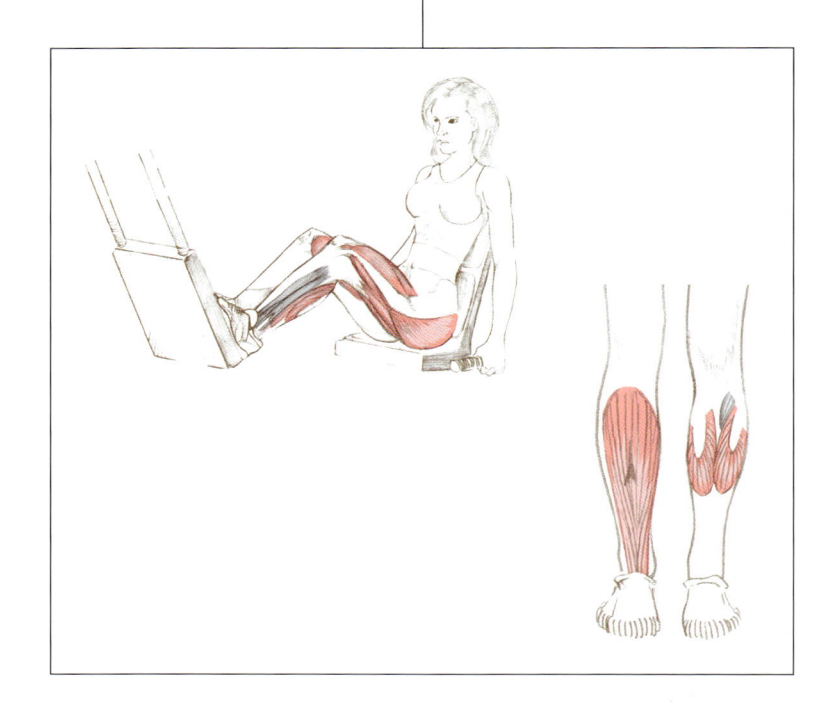

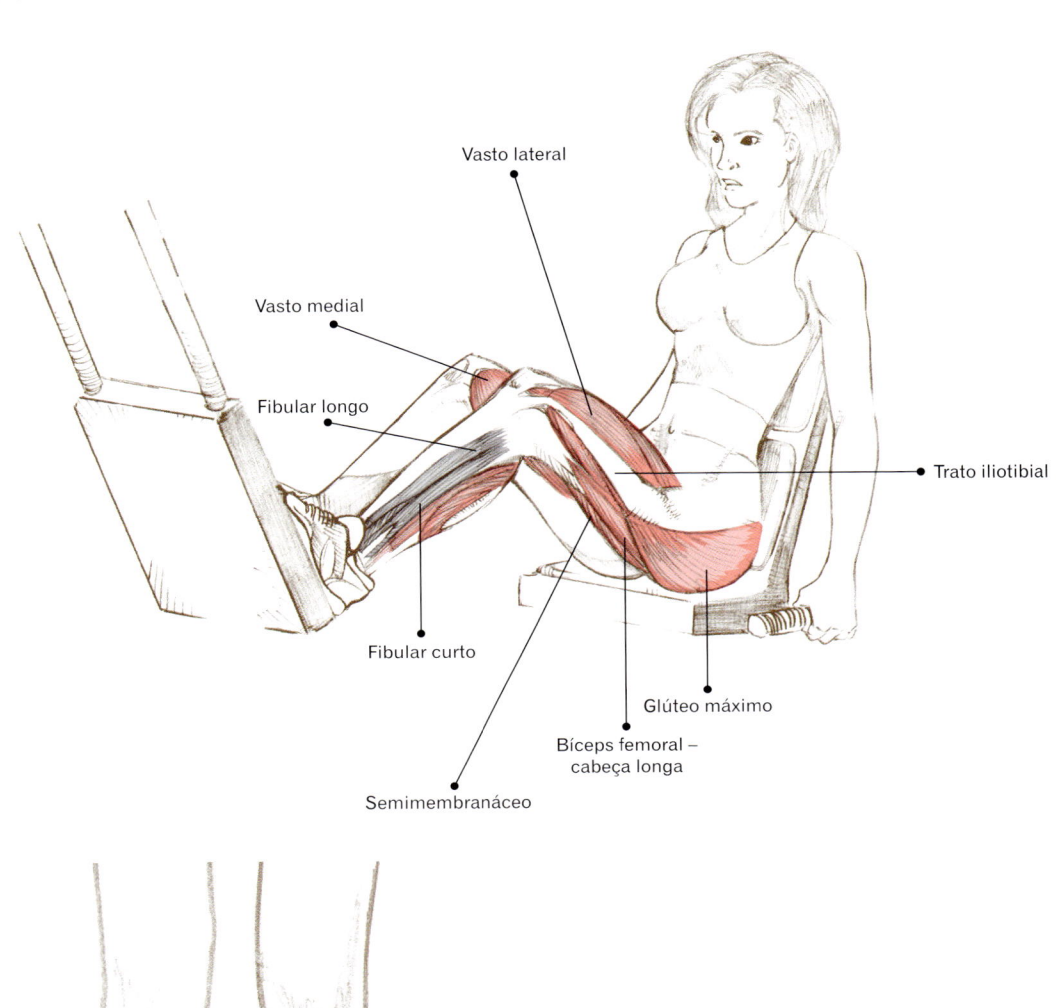

Vasto lateral

Vasto medial

Fibular longo

Fibular curto

Semimembranáceo

Bíceps femoral – cabeça longa

Glúteo máximo

Trato iliotibial

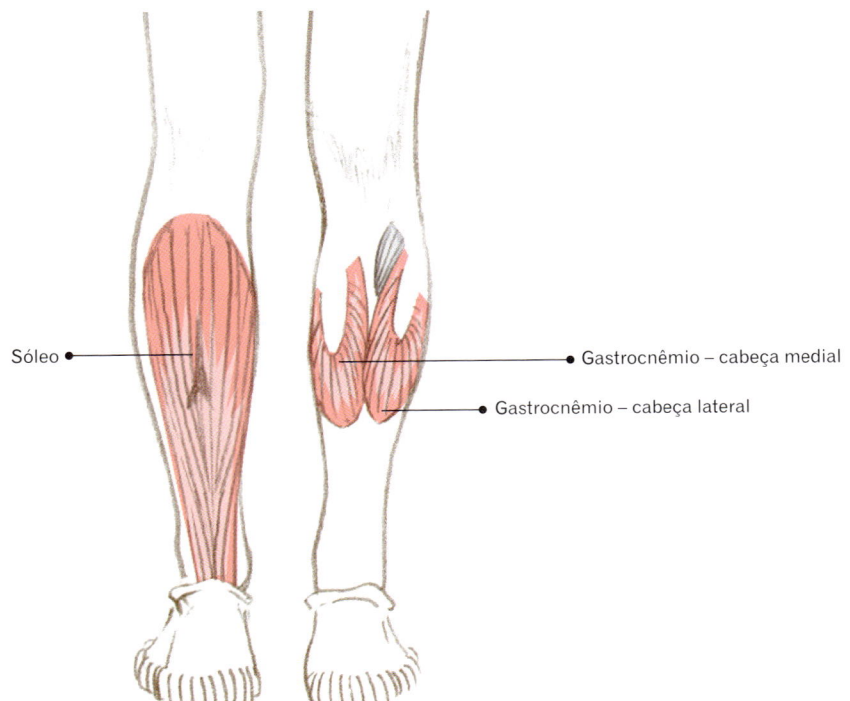

Sóleo

Gastrocnêmio – cabeça medial

Gastrocnêmio – cabeça lateral

leg press

Principais articulações envolvidas
- Quadril
- Joelho
- Tornozelo

Análise cinesiológica

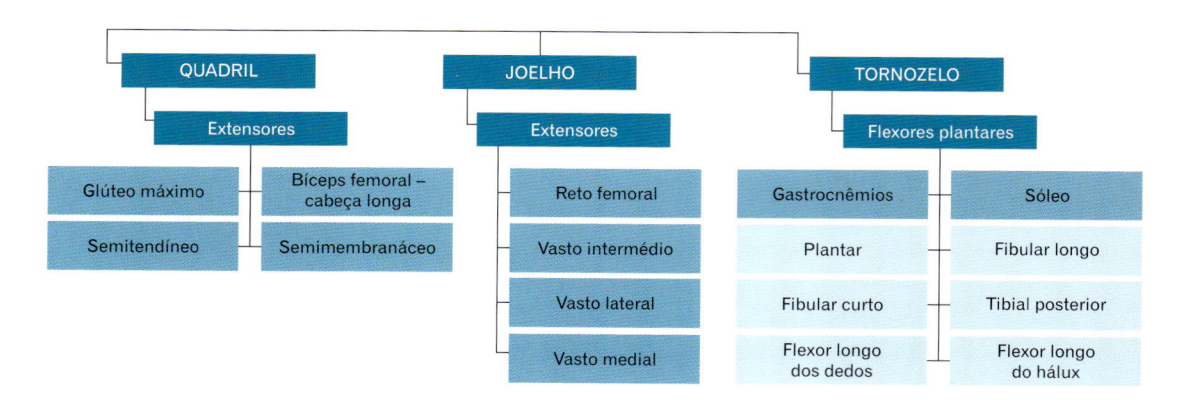

QUADRIL		JOELHO	TORNOZELO	
Extensores		Extensores	Flexores plantares	
Glúteo máximo	Bíceps femoral – cabeça longa	Reto femoral	Gastrocnêmios	Sóleo
Semitendíneo	Semimembranáceo	Vasto intermédio	Plantar	Fibular longo
		Vasto lateral	Fibular curto	Tibial posterior
		Vasto medial	Flexor longo dos dedos	Flexor longo do hálux

Variações

A execução do exercício *leg press* apresenta algumas variações com o objetivo de diferenciar a intensidade do trabalho do glúteo máximo, dos isquiotibiais e do quadríceps. Esse exercício pode ser realizado com a variação na forma de apoio dos pés, que pode ser alto ou baixo.

Apoio
- Alto
- Baixo

Alto
Em comparação com o apoio baixo:
- A amplitude articular do quadril é ↑.
- A amplitude articular do joelho é ↓.

RETO FEMORAL	1,5 mV
VASTO LATERAL	1,6 mV
VASTO MEDIAL	0,8 mV
BÍCEPS FEMORAL	1 mV
SEMITENDÍNEO	0,7 mV
SEMIMEMBRANÁCEO	1,1 mV
GLÚTEO MÁXIMO	1,2 mV

Grupo extensor do quadril
- A intensidade do trabalho do glúteo máximo é ↑.
- A intensidade do trabalho dos isquiotibiais é ↑.

Grupo extensor do joelho
- A intensidade do trabalho do quadríceps é ↓.

Baixo
Em comparação com o apoio alto
- A amplitude articular do quadril é ↓.
- A amplitude articular do joelho é ↑.

Grupo extensor do quadril
- A intensidade do trabalho do glúteo máximo é ↓.
- A intensidade do trabalho dos isquiotibiais é ↓.

Grupo extensor do joelho
- A intensidade do trabalho do quadríceps é ↑.

RETO FEMORAL	1,8 mV
VASTO LATERAL	1,9 mV
VASTO MEDIAL	1,2 mV
BÍCEPS FEMORAL	0,5 mV
SEMITENDÍNEO	0,3 mV
SEMIMEMBRANÁCEO	0,2 mV
GLÚTEO MÁXIMO	0,7 mV

leg press

Considerações

Qual a desvantagem e a vantagem desse exercício em relação à articulação do joelho?

Desvantagem. Esse exercício provoca um aumento na compressão da articulação do joelho (Escamilla e cols., 2001) devido à incidência da força de reação provocada pelo equipamento. Essa força vai aumentando o seu componente compressivo sobre as articulações tibiofemorais medial e lateral à medida que o joelho é estendido. Por outro lado, à medida que o joelho é flexionado, a compressão aumenta na articulação patelofemoral (Nordin e Frankel, 1989).

Vantagem. A ação simultânea do quadríceps e dos isquiotibiais que ocorre nesse exercício minimiza o deslocamento tibial anterior provocado pela contração isolada do quadríceps, fato que o caracteriza como um exercício funcional (Escamilla e cols., 1998; Solomonow e Krogsgaard, 2001).

> Com isso, esse exercício é indicado para pessoas que apresentam alterações no ligamento cruzado anterior.

Cuidado com o posicionamento do joelho!

A execução desse exercício deve ser feita com o joelho alinhado com as articulações do quadril e do tornozelo, evitando uma sobrecarga assimétrica sobre eles.

Certo   Errado   Errado

É possível trabalhar o grupo de adutores nesse exercício?

A realização do exercício a partir de uma rotação externa do quadril e mantendo o alinhamento entre joelho, quadril e tornozelo (recém-citado) provocará a ativação dos adutores durante a execução do movimento.

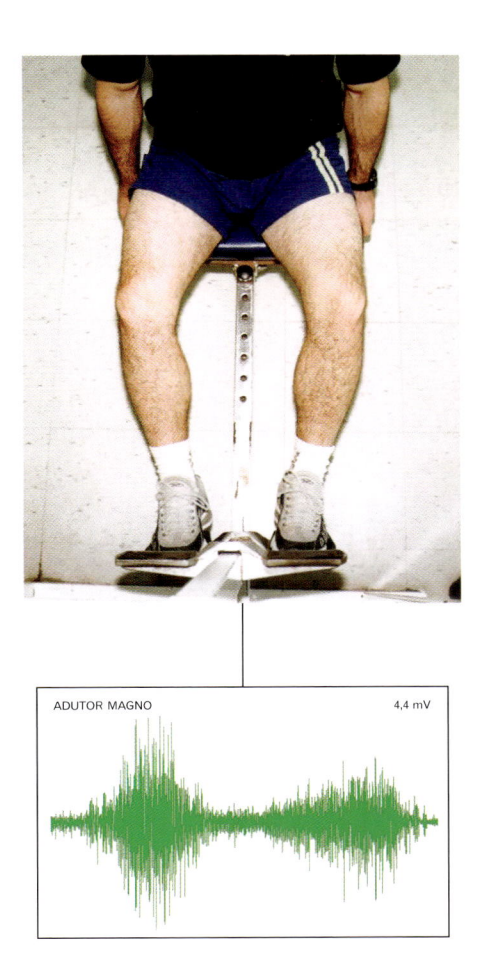

AGACHAMENTO

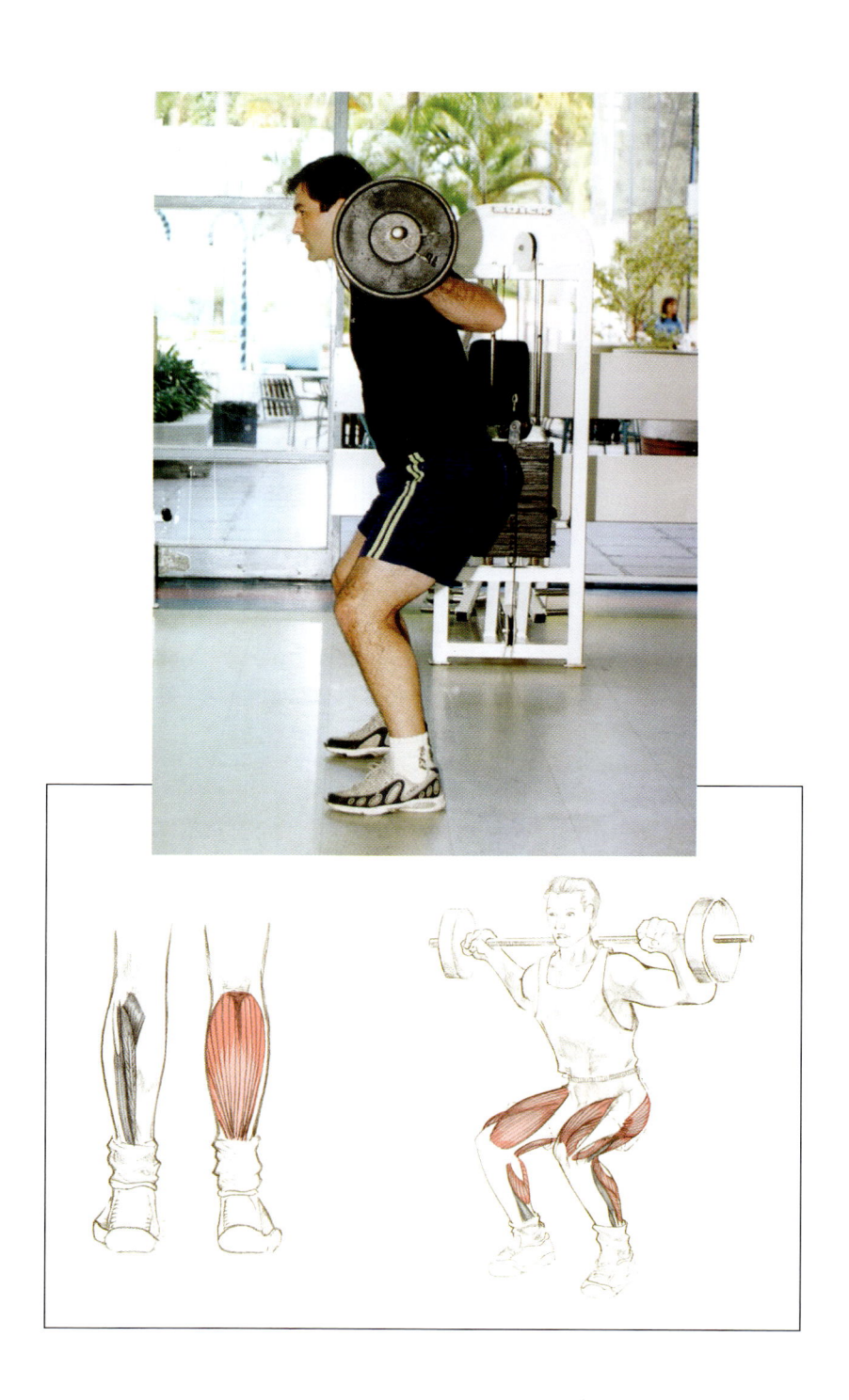

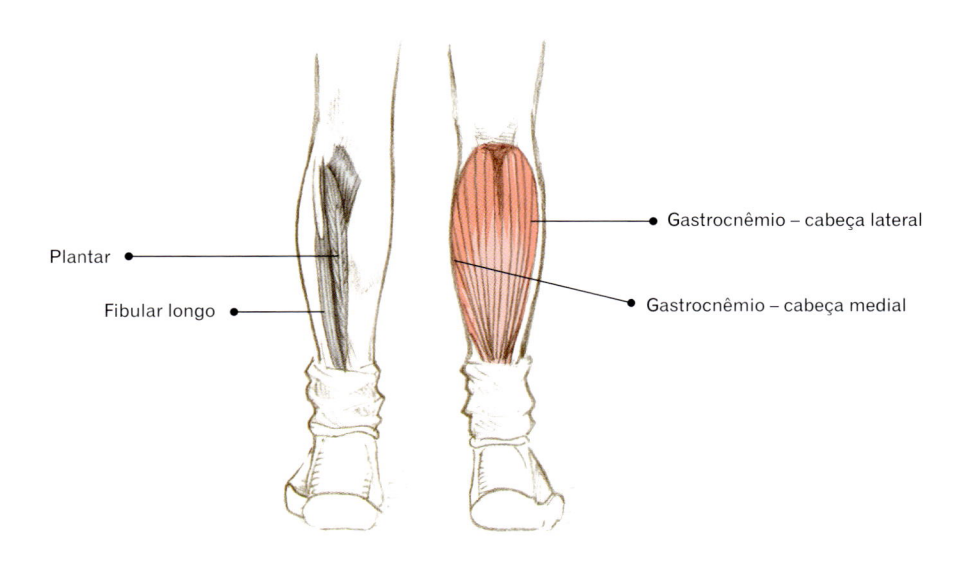

- Reto femoral
- Vasto medial
- Gastrocnêmio – cabeça medial
- Glúteo máximo
- Vasto lateral
- Bíceps femoral – cabeça longa
- Gastrocnêmio – cabeça lateral
- Sóleo

- Plantar
- Fibular longo
- Gastrocnêmio – cabeça lateral
- Gastrocnêmio – cabeça medial

Principais articulações envolvidas

- Quadril
- Joelho
- Tornozelo

Análise cinesiológica

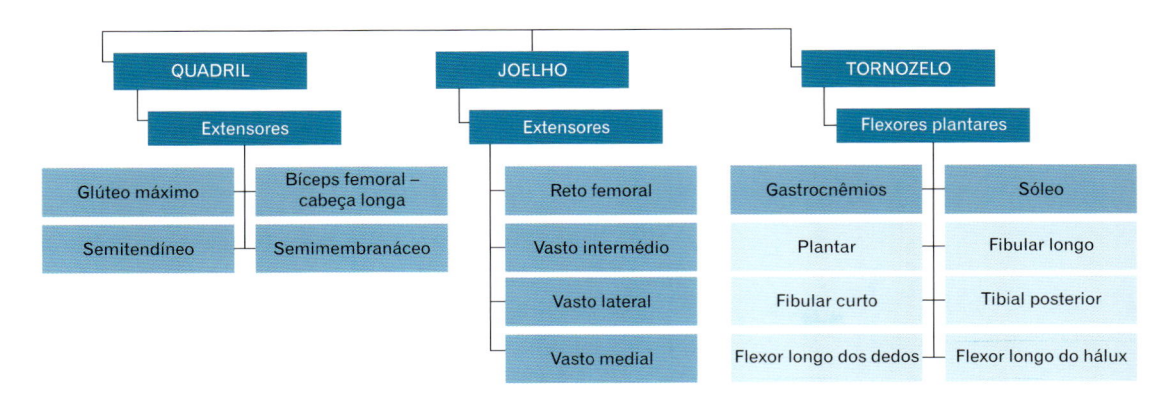

QUADRIL
- Extensores
  - Glúteo máximo
  - Semitendíneo
  - Bíceps femoral – cabeça longa
  - Semimembranáceo

JOELHO
- Extensores
  - Reto femoral
  - Vasto intermédio
  - Vasto lateral
  - Vasto medial

TORNOZELO
- Flexores plantares
  - Gastrocnêmios
  - Plantar
  - Fibular curto
  - Flexor longo dos dedos
  - Sóleo
  - Fibular longo
  - Tibial posterior
  - Flexor longo do hálux

Variações

As variações na forma de execução desse movimento não alteram a participação sinérgica dos músculos, mas a intensidade de ativação dos músculos envolvidos no movimento pode sofrer alguma alteração.

As possibilidades de execução do movimento, além do agachamento (padrão), são: agachamento no *hack* e agachamento à frente (também conhecido como passada à frente).

Posição de execução

- Agachamento
- Agachamento no *hack*
- Agachamento à frente

Agachamento

Em comparação com o agachamento no *hack* e o agachamento à frente:

- A intensidade do trabalho do glúteo máximo é ↑ do que no *hack* e ↓ do que no à frente.
- A intensidade do trabalho dos isquiotibiais é ↑.
- A intensidade do trabalho do quadríceps é ↓.

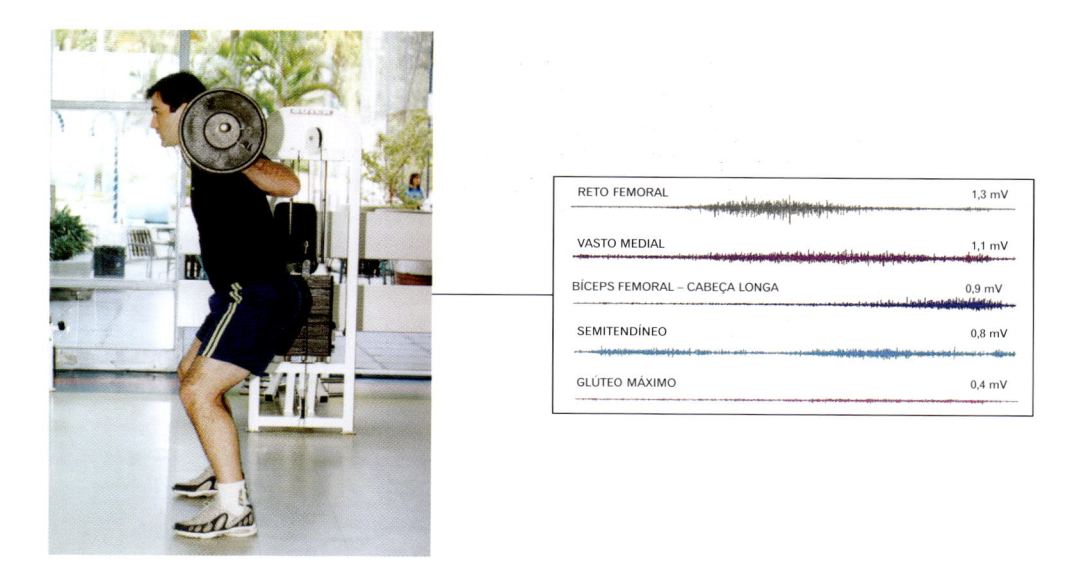

membros inferiores 129

RETO FEMORAL	1,3 mV
VASTO MEDIAL	1,1 mV
BÍCEPS FEMORAL – CABEÇA LONGA	0,9 mV
SEMITENDÍNEO	0,8 mV
GLÚTEO MÁXIMO	0,4 mV

Agachamento no *hack*
Em comparação com o agachamento à frente:

- A intensidade do trabalho do glúteo máximo é ↓.
- A intensidade do trabalho dos isquiotibiais é ↓.
- A intensidade do trabalho do quadríceps é ↑.

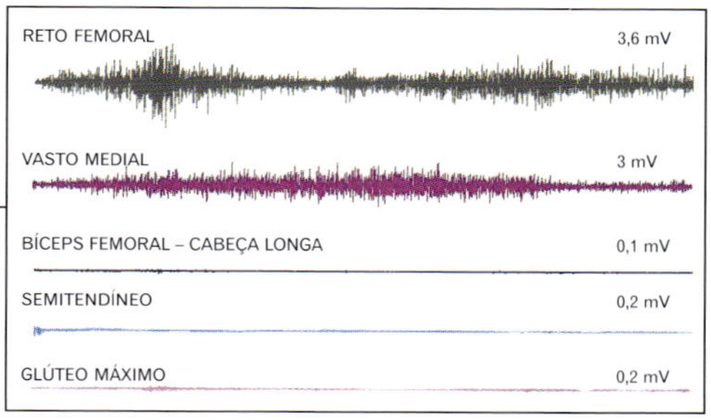

RETO FEMORAL	3,6 mV
VASTO MEDIAL	3 mV
BÍCEPS FEMORAL – CABEÇA LONGA	0,1 mV
SEMITENDÍNEO	0,2 mV
GLÚTEO MÁXIMO	0,2 mV

agachamento

RETO FEMORAL	3,1 mV
VASTO MEDIAL	2,7 mV
BÍCEPS FEMORAL – CABEÇA LONGA	0,5 mV
SEMITENDÍNEO	0,7 mV
GLÚTEO MÁXIMO	1 mV

Agachamento à frente (na perna posicionada à frente)
Em comparação com o agachamento no *hack*:

- A intensidade do trabalho do glúteo máximo é ↑.
- A intensidade do trabalho dos isquiotibiais é ↑.
- A intensidade do trabalho do quadríceps é ↓.

Considerações

É possível trabalhar os músculos adutores nesse exercício?

A rotação externa e a pequena abdução dos quadris (médio afastamento lateral), associadas à manutenção do alinhamento entre quadril, joelho e tornozelo, provocarão a ativação dos adutores durante a execução do movimento.

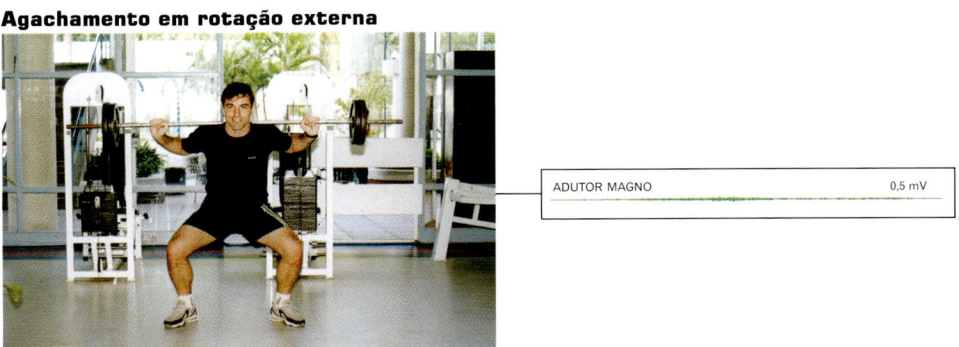

Agachamento normal

ADUTOR MAGNO	0,3 mV

Agachamento em rotação externa

ADUTOR MAGNO	0,5 mV

Deve ser realizado o agachamento completo?

Esse exercício provoca um aumento na compressão da articulação femoropatelar à medida que o joelho é flexionado (Escamilla, 2001; Escamilla e cols., 1998 e 2001), predispondo à lesão da cartilagem articular se a musculatura não estiver adequadamente preparada para executar o movimento.

O agachamento completo muitas vezes é utilizado com o intuito de provocar uma maior ativação do glúteo máximo.

> No entanto, essa forma de execução pode prejudicar a articulação do joelho, podendo ser substituída, por exemplo, pelo agachamento à frente.

Meio agachamento

GLÚTEO MÁXIMO — 0,4 mV

Agachamento completo

GLÚTEO MÁXIMO — 0,6 mV

agachamento

Quais os efeitos desse exercício sobre a coluna lombar?

O agachamento no *hack*, devido ao seu posicionamento, provoca uma maior retificação da curvatura lombar durante a execução do exercício, aumentando a possibilidade de deslocamento posterior dos discos intervertebrais lombares (Nachemson e Morris, 1964; Nachemson, 1975; Wilke e cols., 1999).

Existe participação dos músculos eretores da espinha nos exercícios de agachamento?

No agachamento, ocorre uma flexão mais pronunciada do quadril, bem como a coluna vertebral é deslocada anteriormente. A partir de 60° de flexão do quadril, ocorre efetivamente a flexão da coluna lombar (Rasch e Burke, 1977). Esse deslocamento anterior da coluna durante o agachamento provoca uma maior ativação dos músculos paravertebrais lombares, o que não acontece na mesma intensidade no agachamento no *hack* e no agachamento à frente devido ao posicionamento mais vertical da coluna.

Agachamento

ERETORES DA ESPINHA — 3,8 mV

membros inferiores   133

Agachamento no *hack*

ERETORES DA ESPINHA — 0,9 mV

Agachamento à frente

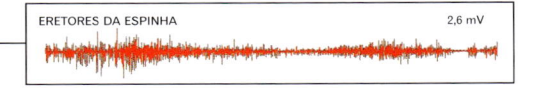

ERETORES DA ESPINHA — 2,6 mV

FLEXÃO PLANTAR

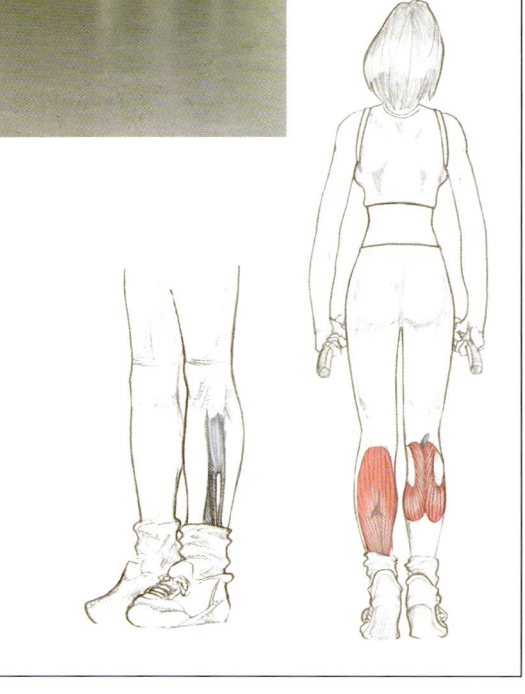

- Fibular longo
- Fibular curto

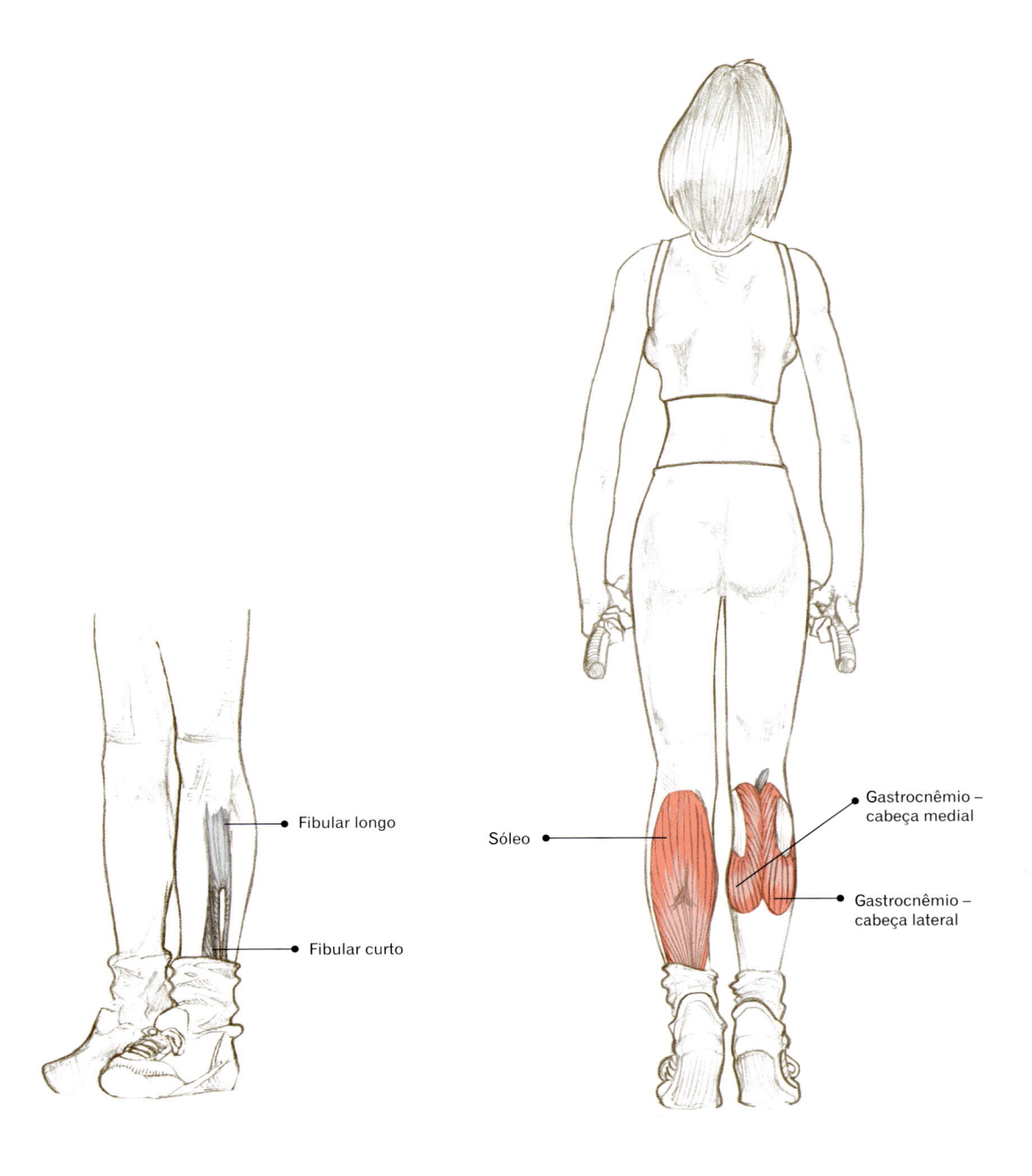

Sóleo

Gastrocnêmio – cabeça medial

Gastrocnêmio – cabeça lateral

flexão plantar

Principal articulação envolvida
- Tornozelo

Análise cinesiológica

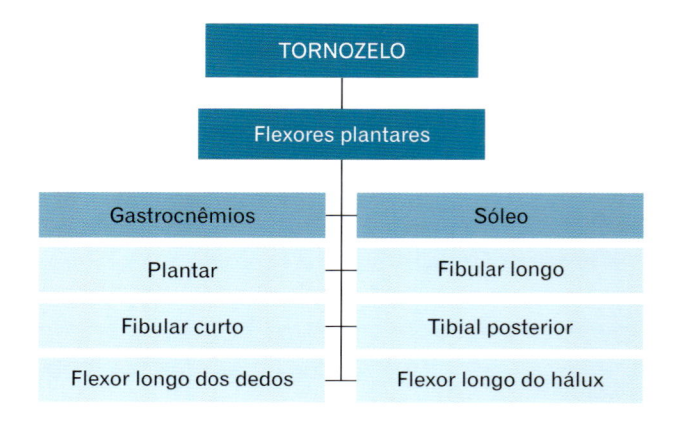

```
                    TORNOZELO
                        |
                 Flexores plantares
                        |
    ┌───────────────────┴───────────────────┐
    Gastrocnêmios                        Sóleo
    Plantar                              Fibular longo
    Fibular curto                        Tibial posterior
    Flexor longo dos dedos               Flexor longo do hálux
```

Variações

A execução do exercício de flexão plantar apresenta algumas variações na posição de execução com o objetivo de diferenciar a intensidade do trabalho dos músculos gastrocnêmios e sóleo. As possibilidades de execução do movimento são em pé e sentado.

Posição de execução
- Em pé
- Sentado

Em pé
Em comparação com sentado:
- A intensidade do trabalho dos gastrocnêmios é ↑.
- A intensidade do trabalho do sóleo é ↓.

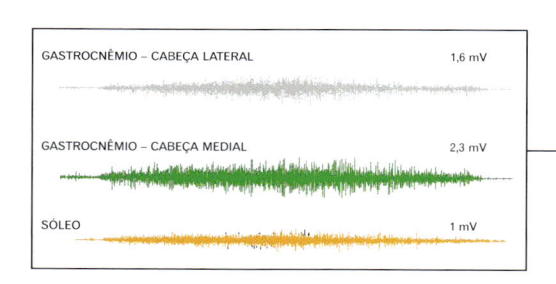

GASTROCNÊMIO – CABEÇA LATERAL	1,6 mV
GASTROCNÊMIO – CABEÇA MEDIAL	2,3 mV
SÓLEO	1 mV

Sentado

Em comparação com o em pé:

- A intensidade do trabalho dos gastrocnêmios é ↓.
- A intensidade do trabalho do sóleo é ↑.

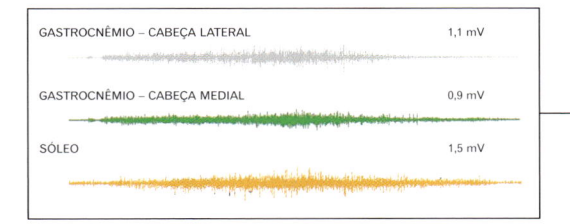

GASTROCNÊMIO – CABEÇA LATERAL	1,1 mV
GASTROCNÊMIO – CABEÇA MEDIAL	0,9 mV
SÓLEO	1,5 mV

Considerações

As rotações do joelho e do quadril podem interferir na ativação dos músculos gastrocnêmios e sóleo?

Joelho

Quando o exercício é realizado na posição sentada, existe a possibilidade de executá-lo com rotação externa ou interna do joelho. Essa alteração provocará mudança no comprimento muscular e no vetor de força dos gastrocnêmios e permitirá uma maior ativação do gastrocnêmio medial quando o joelho estiver em rotação externa e uma maior ativação do gastrocnêmio lateral quando o joelho estiver em rotação interna.

Flexão plantar – rotação externa

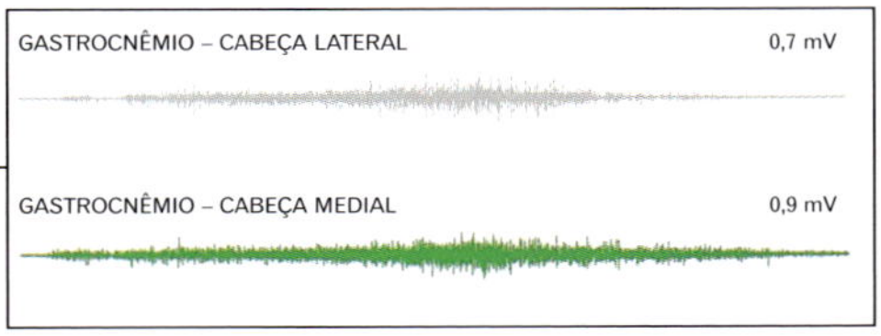

GASTROCNÊMIO – CABEÇA LATERAL	0,7 mV
GASTROCNÊMIO – CABEÇA MEDIAL	0,9 mV

Flexão plantar – rotação interna

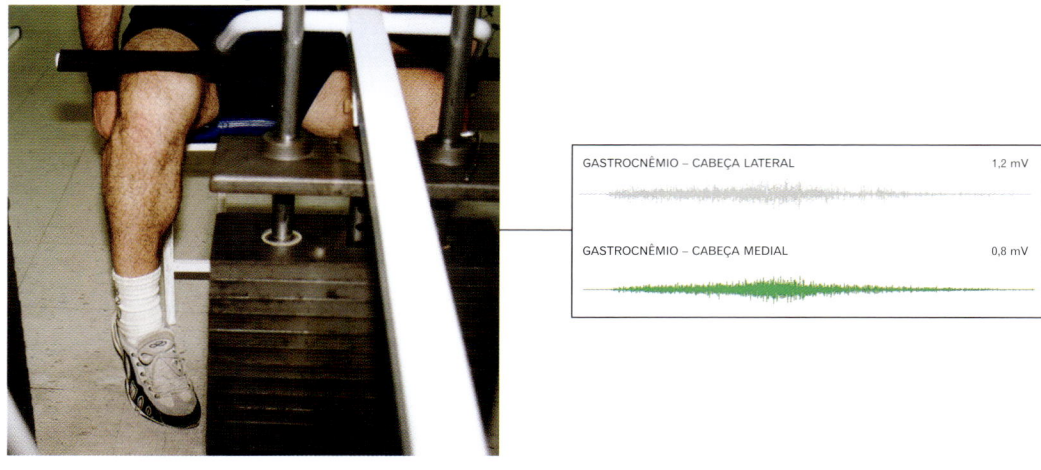

Quadril
As rotações externa e interna do quadril são equivocadamente utilizadas para alterar a ativação dos gastrocnêmios – cabeça lateral e cabeça medial – devido à impossibilidade de realizar as rotações externa e interna do joelho com estes em extensão. Isso fica evidenciado, uma vez que esse movimento não altera a função dos gastrocnêmios – cabeça lateral e cabeça medial – no que se refere aos aspectos mecânico e fisiológico.

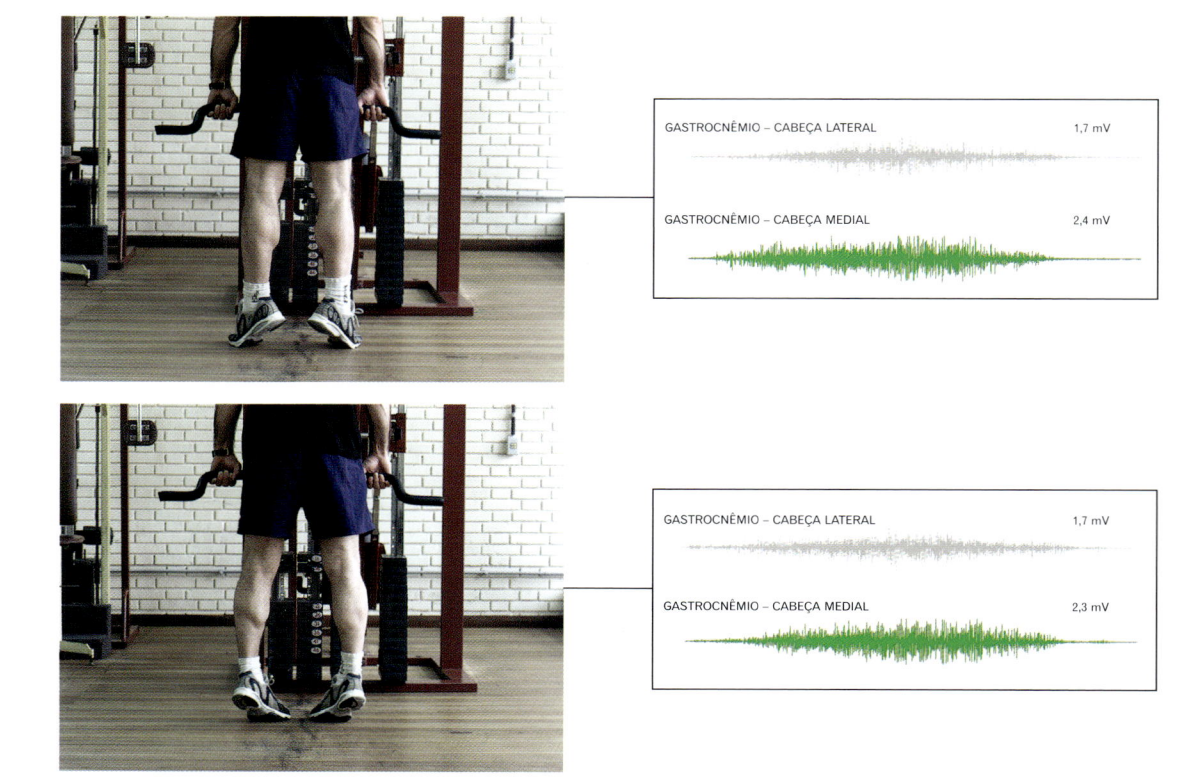

O uso do "taquinho" altera a ativação do tríceps sural?

O "taquinho", na verdade, é um recurso para aumentar a amplitude de flexão dorsal, o que provoca um aumento do comprimento dos músculos e da sua possibilidade de ativação.

Sem "taquinho"

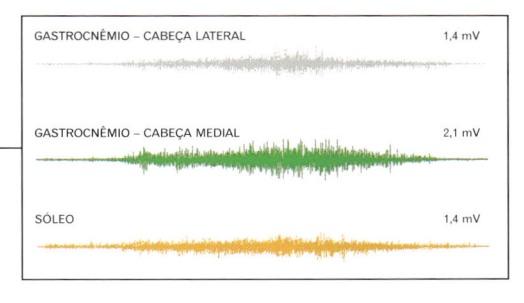

GASTROCNÊMIO – CABEÇA LATERAL	1,4 mV
GASTROCNÊMIO – CABEÇA MEDIAL	2,1 mV
SÓLEO	1,4 mV

Com "taquinho"

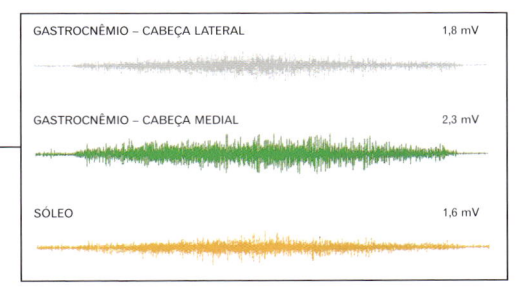

GASTROCNÊMIO – CABEÇA LATERAL	1,8 mV
GASTROCNÊMIO – CABEÇA MEDIAL	2,3 mV
SÓLEO	1,6 mV

CADEIRA ABDUTORA

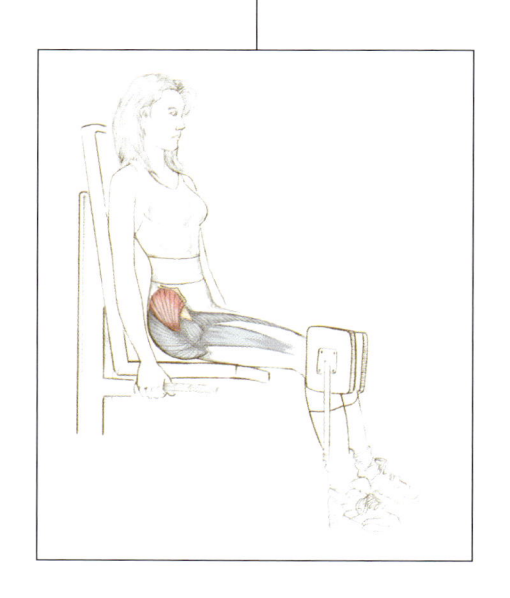

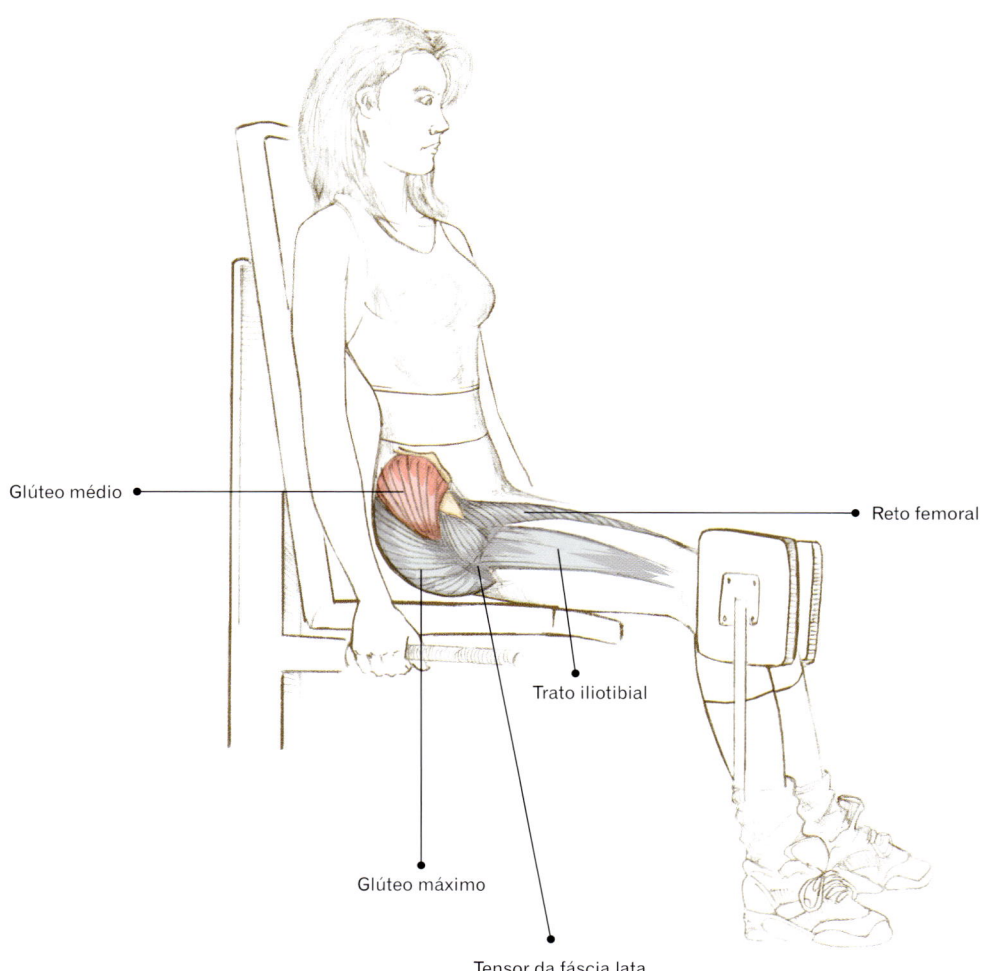

- Glúteo médio
- Reto femoral
- Trato iliotibial
- Glúteo máximo
- Tensor da fáscia lata

cadeira abdutora

Principal articulação envolvida
- Quadril

Análise cinesiológica

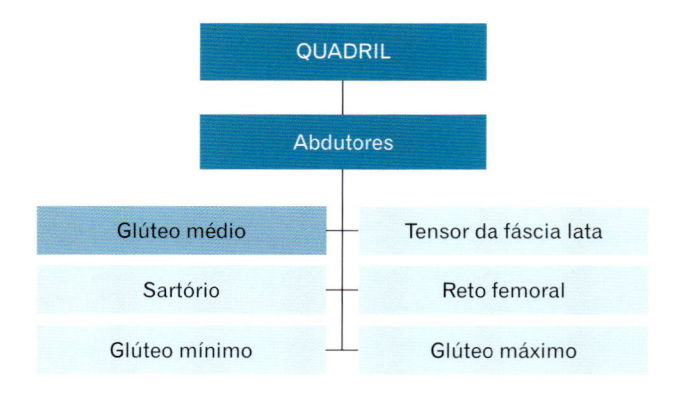

```
QUADRIL
   │
Abdutores
   │
┌──────────────┬──────────────────┐
Glúteo médio        Tensor da fáscia lata
Sartório            Reto femoral
Glúteo mínimo       Glúteo máximo
```

Variações

As variações na forma de execução desse movimento não alteram a participação sinérgica dos músculos, mas a intensidade da ativação dos músculos envolvidos no movimento pode sofrer alguma modificação.

As possibilidades de execução do movimento de abdução do quadril, além da cadeira abdutora, são em pé (em equipamento específico ou na polia baixa) e em decúbito lateral (com caneleira).

Posição de execução
- Cadeira abdutora
- Em pé – equipamento específico
- Em decúbito lateral

Cadeira abdutora

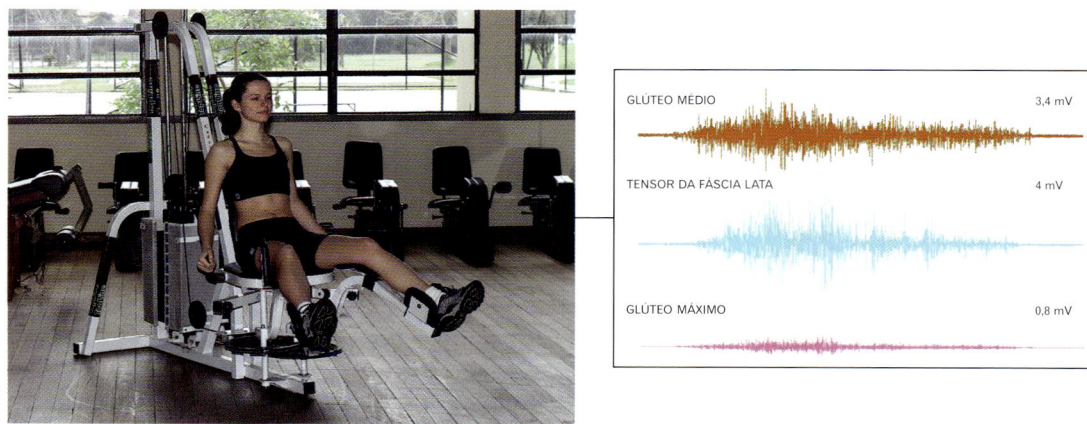

Músculo	Ativação
GLÚTEO MÉDIO	3,4 mV
TENSOR DA FÁSCIA LATA	4 mV
GLÚTEO MÁXIMO	0,8 mV

Em pé – equipamento específico

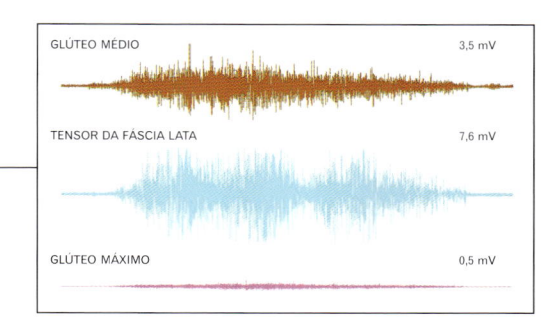

GLÚTEO MÉDIO	3,5 mV
TENSOR DA FÁSCIA LATA	7,6 mV
GLÚTEO MÁXIMO	0,5 mV

Em decúbito lateral

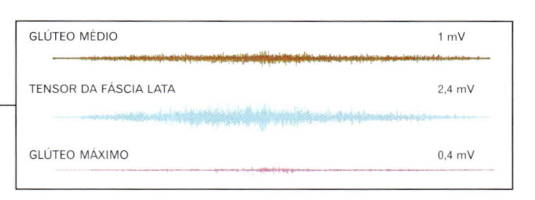

GLÚTEO MÉDIO	1 mV
TENSOR DA FÁSCIA LATA	2,4 mV
GLÚTEO MÁXIMO	0,4 mV

Considerações

Como dar prioridade à ativação do glúteo máximo ou à do glúteo médio?

A posição do encosto da cadeira abdutora altera a amplitude de flexão do quadril. O quadril mais flexionado intensifica a ativação do glúteo máximo, e o quadril mais estendido intensifica a ativação do glúteo médio e do tensor da fáscia lata.

Obs.: Para efeitos de comparação do sinal EMG nas diferentes posições, este foi monitorado com a mesma carga.

cadeira abdutora

Abdução com quadril mais flexionado

GLÚTEO MÉDIO	0,7 mV
TENSOR DA FÁSCIA LATA	0,6 mV
GLÚTEO MÁXIMO	1 mV

Abdução com quadril mais estendido

GLÚTEO MÉDIO	0,9 mV
TENSOR DA FÁSCIA LATA	1,7 mV
GLÚTEO MÁXIMO	0,6 mV

Outra implicação da posição do encosto

Na posição de 90° de flexão do quadril, determinada pela posição do encosto, os seis rotadores externos, também chamados de pelvitrocanterianos (quadrado femoral, obturador externo, obturador interno, gêmeo superior, gêmeo inferior e piriforme), ficam mecanicamente favorecidos para atuar na abdução do quadril (Rasch e Burke, 1977; Lehmkuhl, Weiss e Smith, 1997). No entanto, a análise da atividade elétrica desses músculos, utilizando-se eletrodos de superfície, fica limitada por serem músculos profundos.

Para quem esse exercício é contra-indicado?

A contração do piriforme pode provocar um aumento na compressão do nervo isquiático (ciático), o que torna esse exercício contra-indicado para indivíduos que apresentam lombociatalgia. Indica-se o alongamento do piriforme sempre após a realização desse exercício.

membros inferiores 145

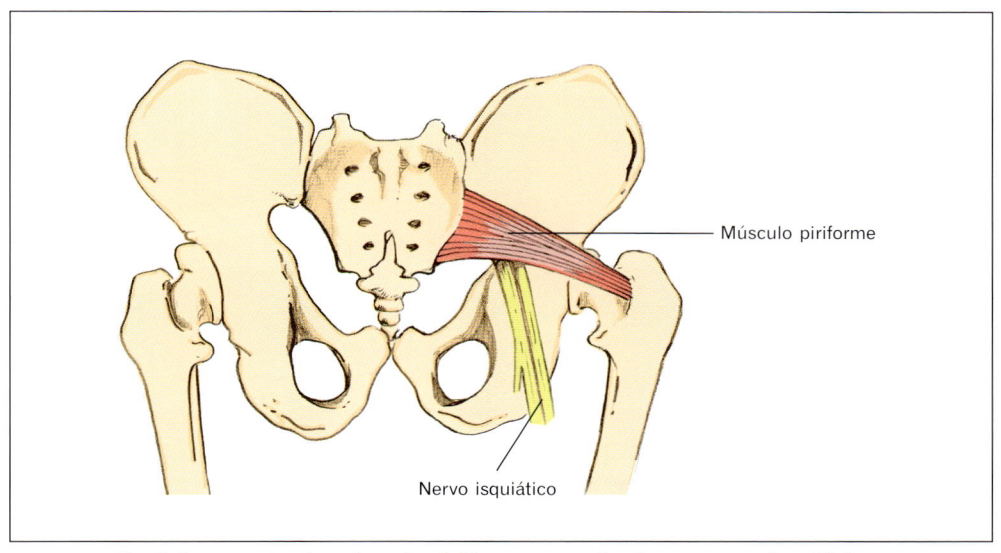

Posicionamento do músculo piriforme em relação ao nervo isquiático.

CADEIRA ADUTORA

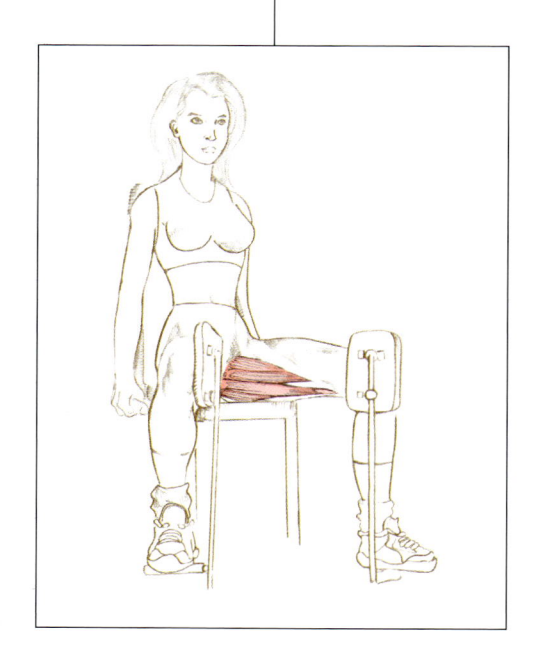

- Pectíneo
- Adutor magno
- Grácil
- Adutor longo

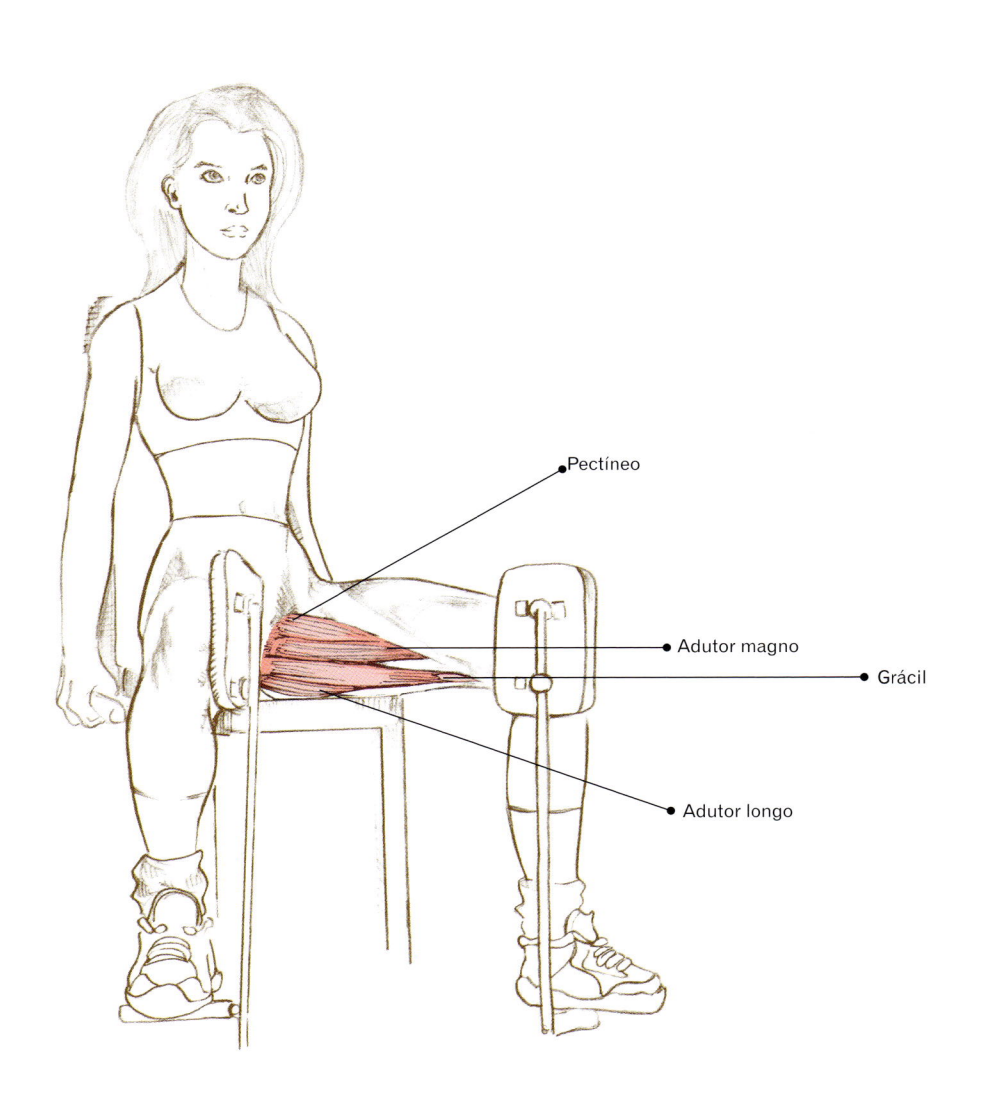

cadeira adutora

Principal articulação envolvida
- Quadril

Análise cinesiológica

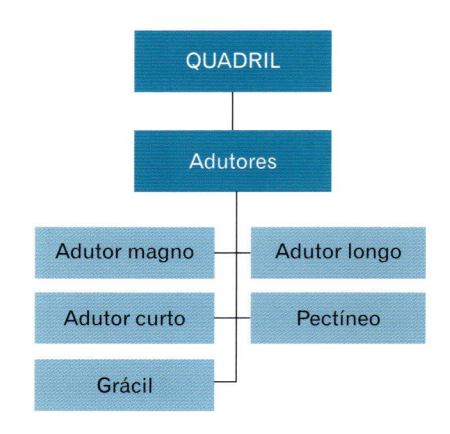

QUADRIL
│
Adutores
├── Adutor magno
├── Adutor longo
├── Adutor curto
├── Pectíneo
└── Grácil

Variações

As variações na forma de execução desse movimento não alteram a participação sinérgica dos músculos, no entanto, a intensidade da ativação dos músculos envolvidos no movimento pode sofrer alguma alteração.

As possibilidades de execução do movimento de adução do quadril, além da cadeira adutora, são: em pé (em equipamento específico ou na polia baixa) e em decúbito lateral (com caneleira).

Posição de execução
- Cadeira adutora
- Em pé – equipamento específico
- Em decúbito lateral

Cadeira adutora

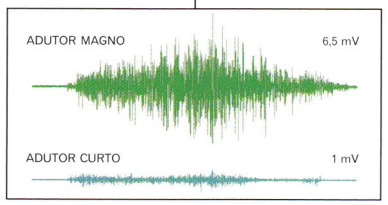

ADUTOR MAGNO — 6,5 mV
ADUTOR CURTO — 1 mV

Em pé – equipamento específico

ADUTOR MAGNO — 3,4 mV
ADUTOR CURTO — 1,4 mV

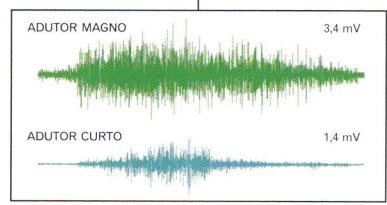

Em decúbito lateral

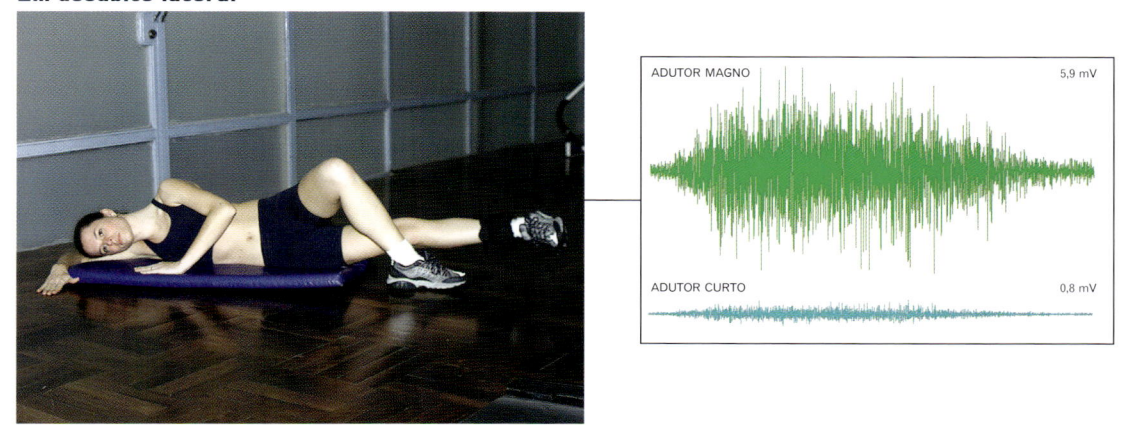

[ADUTOR MAGNO — 5,9 mV]
[ADUTOR CURTO — 0,8 mV]

Considerações

A posição do encosto interfere na ativação dos adutores?

O deslocamento do encosto para trás facilita a realização da anteversão pélvica pelo aumento da tensão dos flexores do quadril, principalmente do psoas.

> Essa posição provoca um tensionamento dos músculos eretores da espinha (encosto para trás, com hiperlordose lombar: 1 mV; encosto na vertical, sem hiperlordose lombar: 0,5 mV) e é contra-indicada principalmente para quem possui hiperlordose lombar.

Adução – cintura pélvica em anteversão

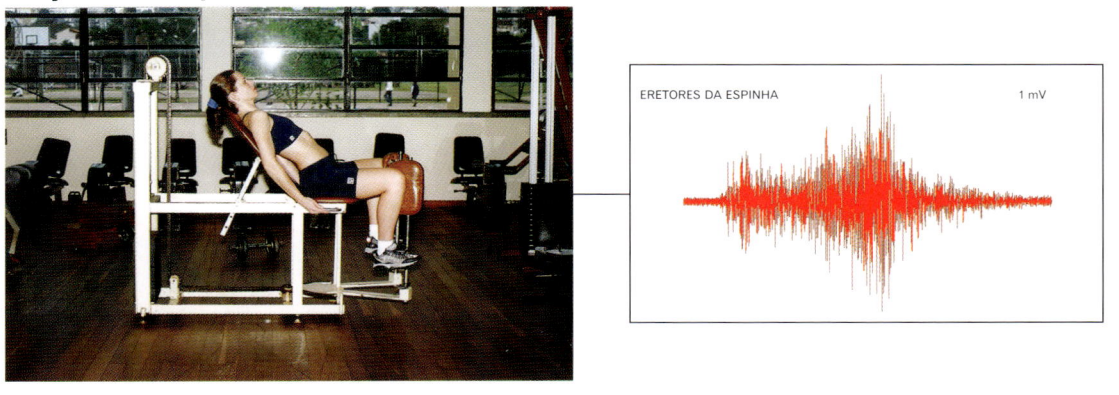

[ERETORES DA ESPINHA — 1 mV]

GLÚTEO

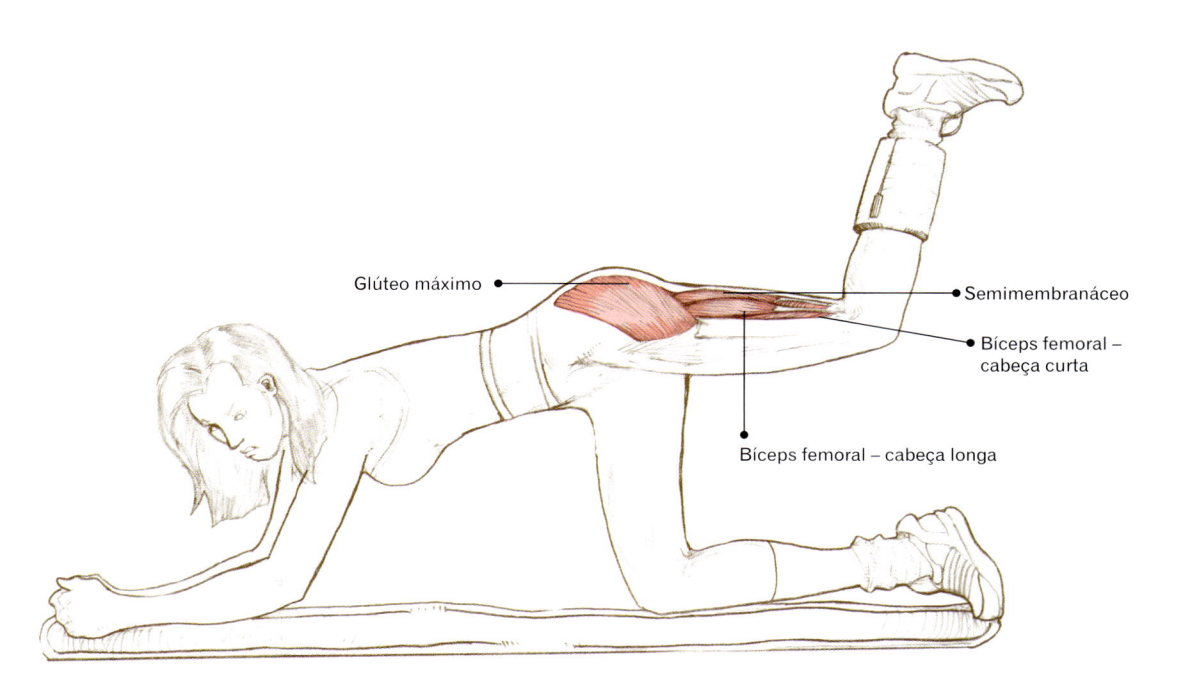

- Glúteo máximo
- Semimembranáceo
- Bíceps femoral – cabeça curta
- Bíceps femoral – cabeça longa

glúteo

Principal articulação envolvida
- Quadril

Análise cinesiológica

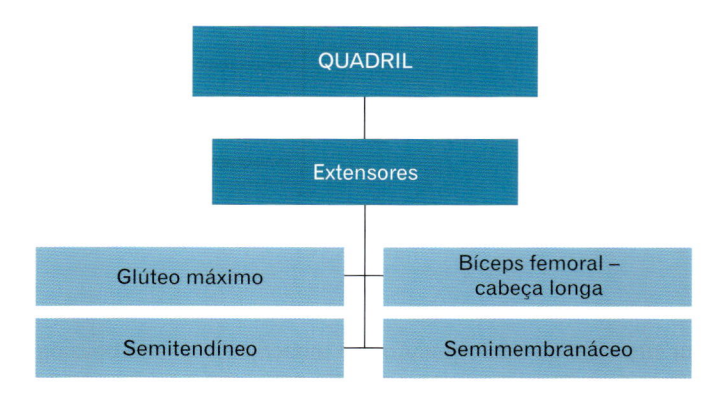

```
           QUADRIL
              |
          Extensores
              |
   ┌──────────┴──────────┐
Glúteo máximo      Bíceps femoral –
                    cabeça longa
Semitendíneo       Semimembranáceo
```

Variações

As variações na forma de execução desse movimento não alteram a participação sinérgica dos músculos, mas a intensidade da ativação dos músculos envolvidos no movimento pode sofrer alguma alteração.

As possibilidades de execução do exercício para glúteos são: em quatro apoios (de gato) com caneleira, em pé na polia baixa, e com equipamento específico (em quatro apoios, também chamada de mesa glútea).

Posição de execução
- Quatro apoios (de gato)
- Em pé – polia baixa
- Equipamento específico (mesa glútea)

Quatro apoios (de gato)

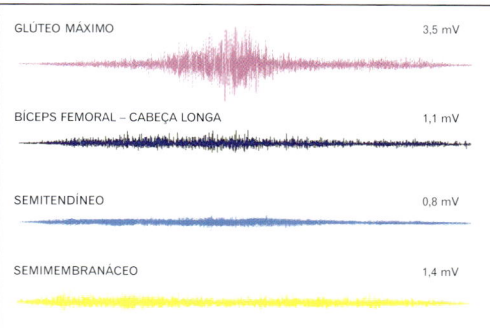

GLÚTEO MÁXIMO	3,5 mV
BÍCEPS FEMORAL – CABEÇA LONGA	1,1 mV
SEMITENDÍNEO	0,8 mV
SEMIMEMBRANÁCEO	1,4 mV

Em pé – polia baixa

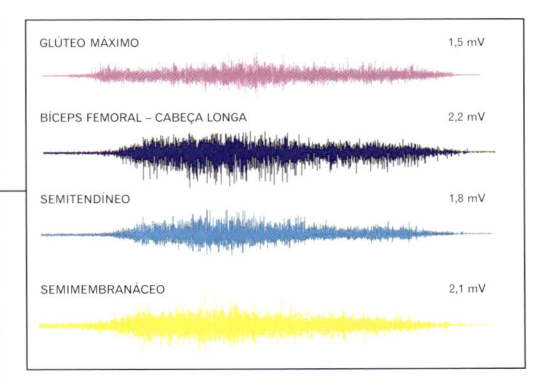

GLÚTEO MÁXIMO	1,5 mV
BÍCEPS FEMORAL – CABEÇA LONGA	2,2 mV
SEMITENDÍNEO	1,8 mV
SEMIMEMBRANÁCEO	2,1 mV

Equipamento específico (mesa glútea)

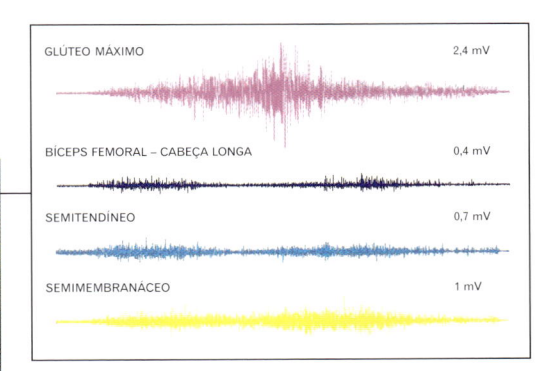

GLÚTEO MÁXIMO	2,4 mV
BÍCEPS FEMORAL – CABEÇA LONGA	0,4 mV
SEMITENDÍNEO	0,7 mV
SEMIMEMBRANÁCEO	1 mV

Considerações

Os exercícios em pé e em quatro apoios têm o mesmo efeito na contração muscular do glúteo máximo?

Os exercícios que enfatizam o trabalho do glúteo máximo devem ser realizados com o quadril em flexão de 45° ou mais (Rasch e Burke, 1977; Thompson e Floyd, 1997). Por esse motivo, na posição em pé, na qual o exercício parte da extensão para a hiperextensão do quadril, o glúteo máximo é menos ativado do que os isquiotibiais. Por outro lado, a posição de quatro apoios é a ideal para enfatizar a atividade do glúteo máximo.

Obs.: O sinal eletromiográfico foi registrado utilizando-se o mesmo torque de resistência para ambas as situações.

Quatro apoios (de gato)

GLÚTEO MÁXIMO	3 mV
BÍCEPS FEMORAL – CABEÇA LONGA	0,7 mV
SEMITENDÍNEO	0,8 mV
SEMIMEMBRANÁCEO	1,3 mV

Em pé – polia baixa

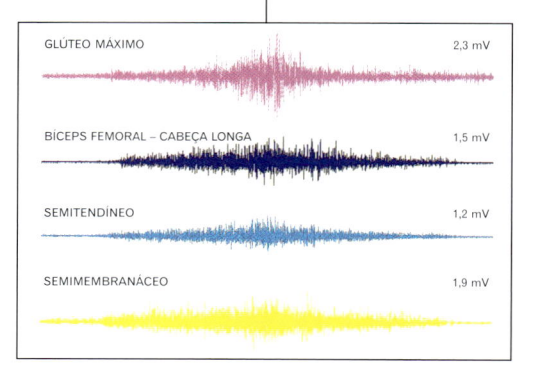

GLÚTEO MÁXIMO	2,3 mV
BÍCEPS FEMORAL – CABEÇA LONGA	1,5 mV
SEMITENDÍNEO	1,2 mV
SEMIMEMBRANÁCEO	1,9 mV

Qual a interferência da rotação externa associada à extensão do quadril na ativação do glúteo máximo?

Sempre que um músculo participa simultaneamente em ações nas quais é responsável, há um aumento na sua ativação. Nesse caso, a direção das fibras do glúteo máximo permite a sua participação tanto nos movimentos de extensão quanto de rotação externa, e a combinação desses movimentos provocará uma maior ativação muscular do glúteo máximo (Lehmkuhl, Weiss e Smith, 1997).

Extensão do quadril

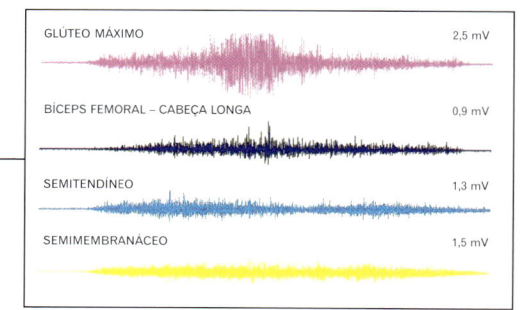

GLÚTEO MÁXIMO	2,5 mV
BÍCEPS FEMORAL – CABEÇA LONGA	0,9 mV
SEMITENDÍNEO	1,3 mV
SEMIMEMBRANÁCEO	1,5 mV

membros inferiores 155

Extensão mais rotação externa do quadril

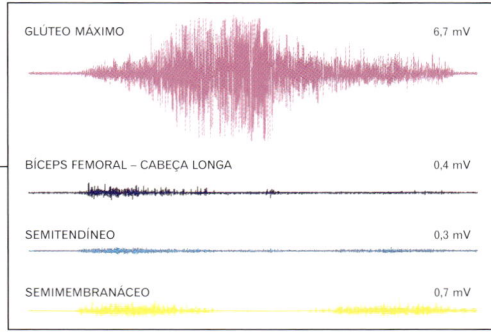

GLÚTEO MÁXIMO	6,7 mV
BÍCEPS FEMORAL – CABEÇA LONGA	0,4 mV
SEMITENDÍNEO	0,3 mV
SEMIMEMBRANÁCEO	0,7 mV

Existe diferença entre o joelho flexionado e o joelho estendido?

A execução do exercício de extensão do quadril com o joelho flexionado intensifica a ação do glúteo máximo. Mesmo com a redução do braço de resistência que ocorre com a flexão do joelho, o glúteo máximo aumenta sua ativação. Isso ocorre porque, nessa posição, não há torque de resistência em relação à extensão do joelho, e, portanto, os isquiotibiais não precisam ser ativados para evitar este movimento. Além disso, esses músculos se encontram em uma posição inadequada para produzir força, ou seja, em encurtamento quase máximo.

Obs.: O sinal eletromiográfico foi registrado utilizando o mesmo torque de resistência para ambas as situações.

Joelho flexionado

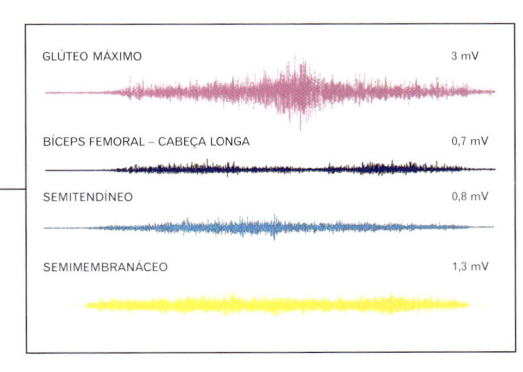

GLÚTEO MÁXIMO	3 mV
BÍCEPS FEMORAL – CABEÇA LONGA	0,7 mV
SEMITENDÍNEO	0,8 mV
SEMIMEMBRANÁCEO	1,3 mV

Joelho estendido

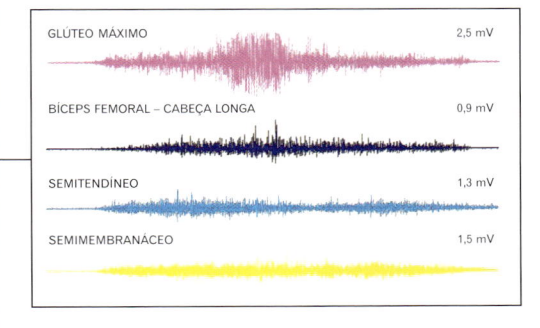

GLÚTEO MÁXIMO	2,5 mV
BÍCEPS FEMORAL – CABEÇA LONGA	0,9 mV
SEMITENDÍNEO	1,3 mV
SEMIMEMBRANÁCEO	1,5 mV

FLEXÃO DO QUADRIL

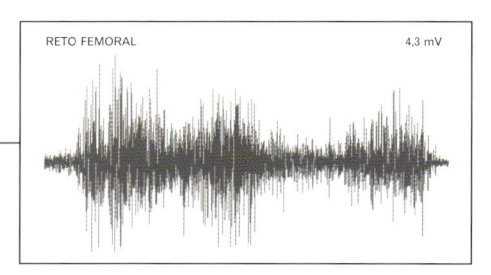

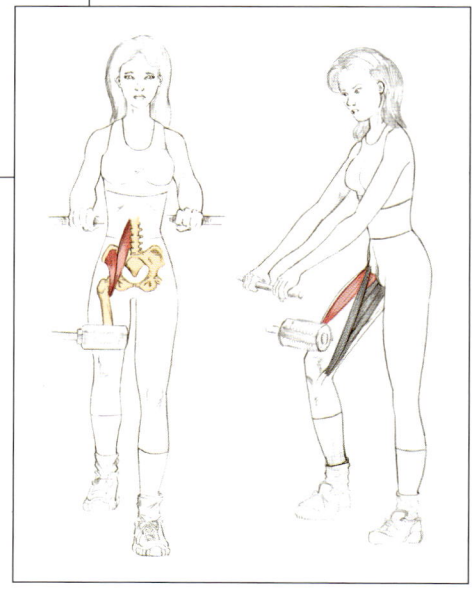

RETO FEMORAL 4,3 mV

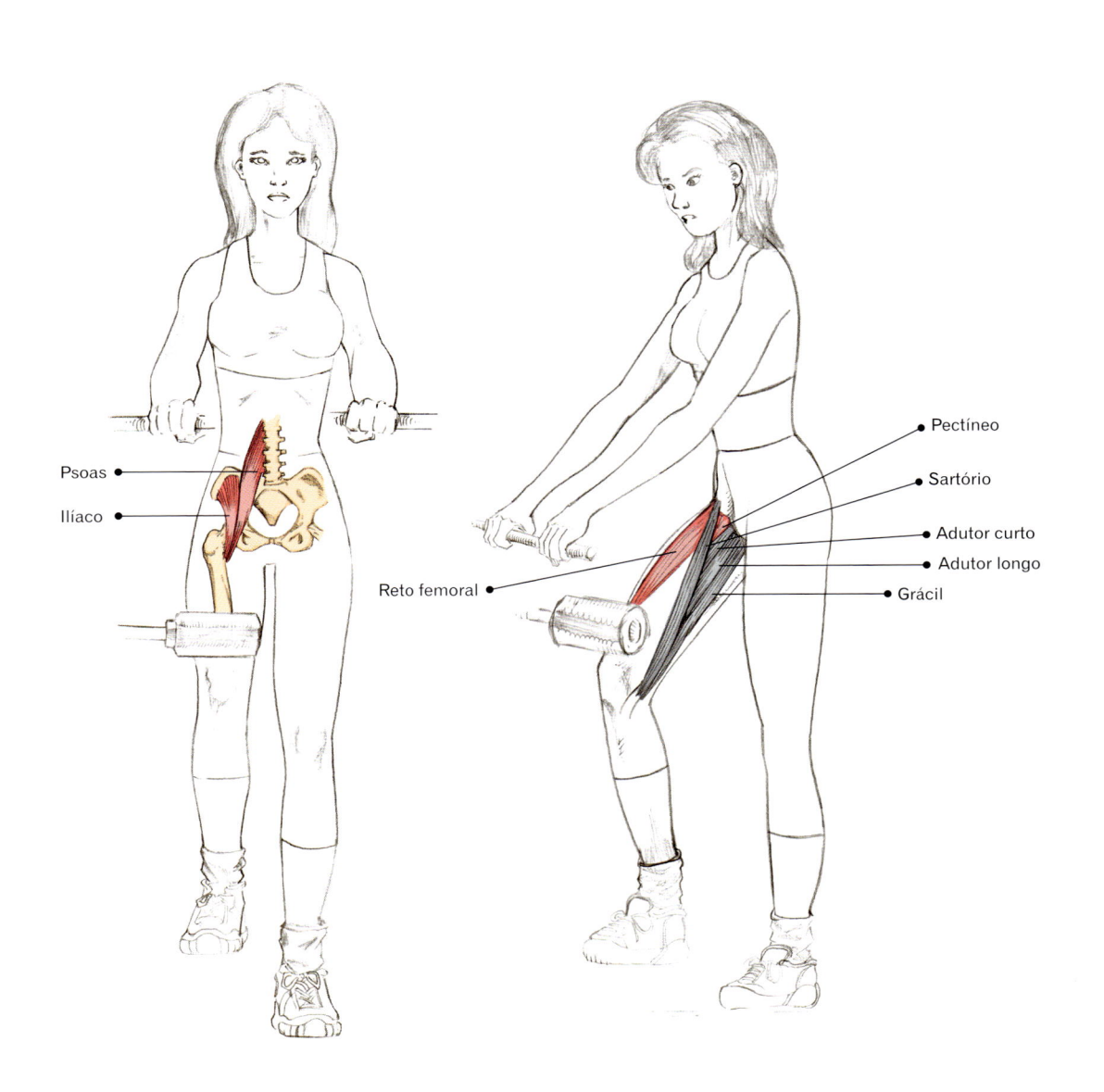

- Psoas
- Ilíaco
- Reto femoral
- Pectíneo
- Sartório
- Adutor curto
- Adutor longo
- Grácil

flexão do quadril

Principal articulação envolvida
- Quadril

Análise cinesiológica

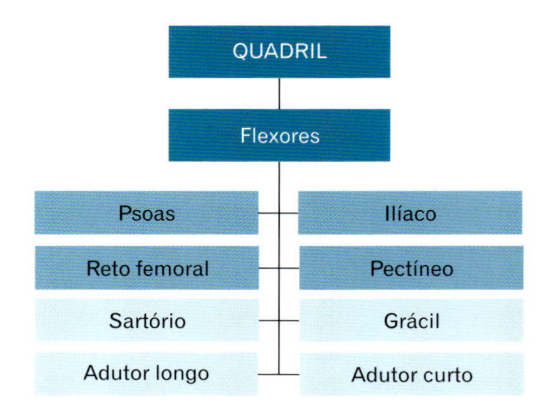

```
QUADRIL
   |
Flexores
   |
├── Psoas          ─┬─ Ilíaco
├── Reto femoral   ─┼─ Pectíneo
├── Sartório       ─┼─ Grácil
└── Adutor longo   ─┴─ Adutor curto
```

Variações
Esse exercício não apresenta variações.

Considerações

> **Importante!**
>
> Esse é o único exercício que trabalha especificamente os flexores do quadril. Em contrapartida, existe um número significativo de exercícios que trabalham o grupo dos extensores do quadril. Ao pensar no equilíbrio muscular que deve ser respeitado no treinamento de força, essa discrepância favorece a extensão do quadril, podendo gerar alterações posturais pelo desequilíbrio de forças antagônicas.

capítulo 4

COLUNA

sumário
....

abdominais / 160
extensores da coluna lombar / 172
flexão lateral / 178

ABDOMINAIS

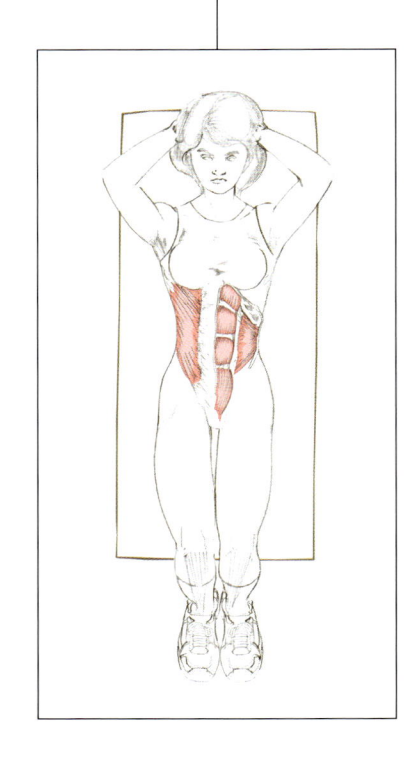

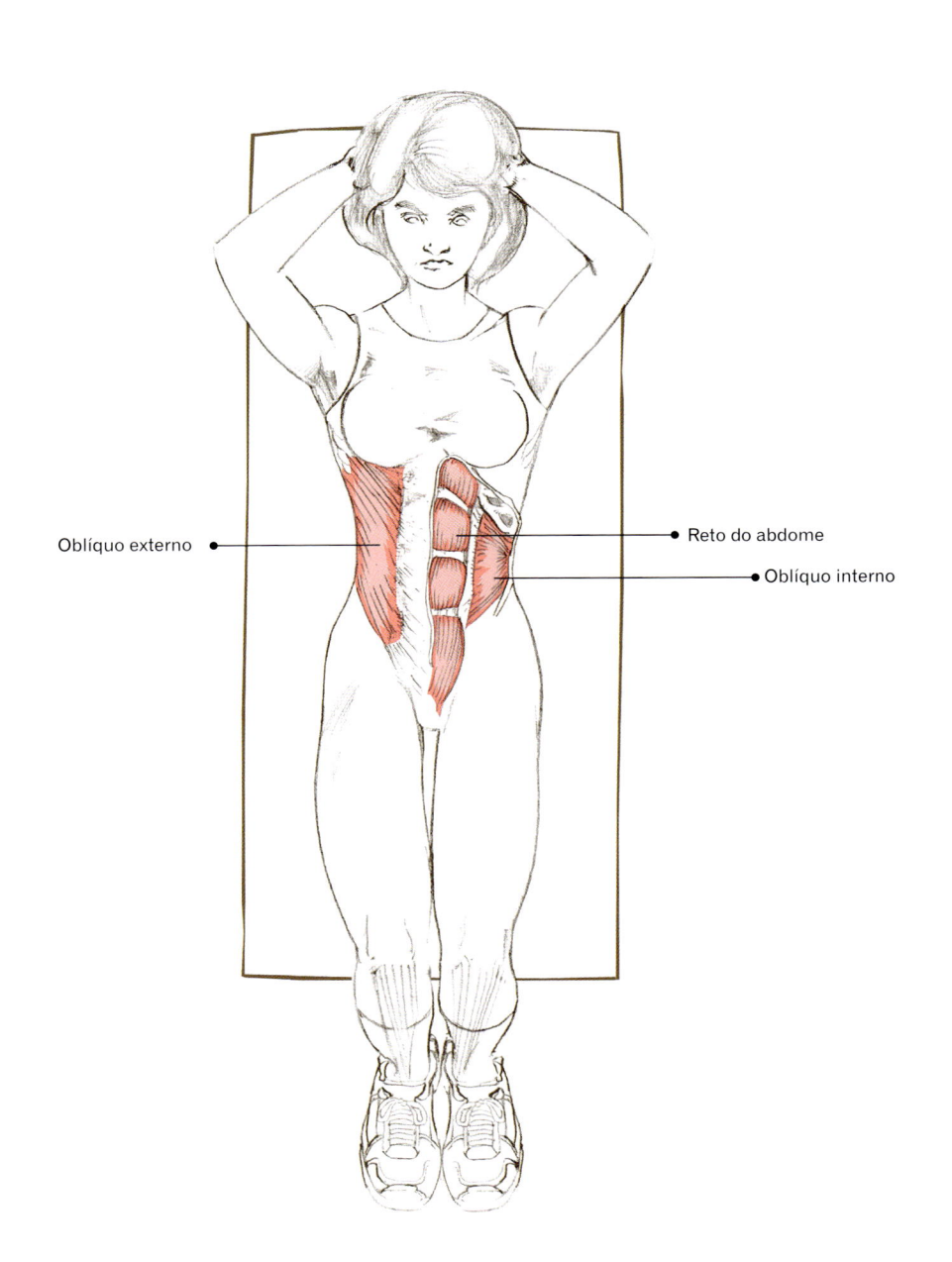

Oblíquo externo •   • Reto do abdome

• Oblíquo interno

Principal articulação envolvida
- Coluna lombar

Análise cinesiológica

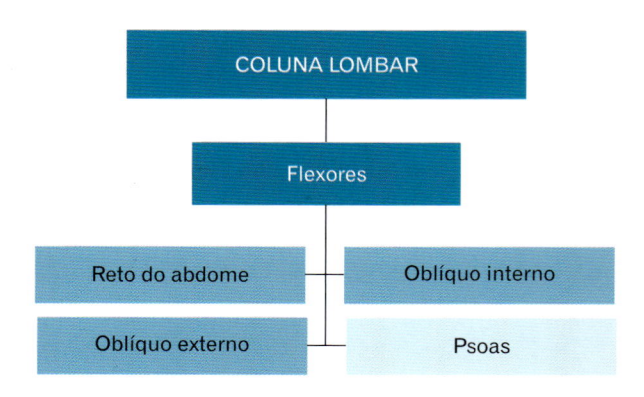

```
              COLUNA LOMBAR
                    |
                 Flexores
                    |
     ┌──────────────┼──────────────┐
Reto do abdome              Oblíquo interno
Oblíquo externo                  Psoas
```

Variações

A execução do exercício abdominal apresenta algumas variações com o objetivo de diferenciar a intensidade de trabalho dos músculos abdominais. Os exercícios foram divididos de acordo com a sua forma de realização, sem e com a utilização de equipamento.

Sem equipamento
- Supra-abdominal
- Infra-abdominal
- Abdominal oblíquo

Supra-abdominal
Em comparação com o infra-abdominal:

- O padrão de ativação* das regiões superior e inferior do reto do abdome é semelhante.
- A intensidade do trabalho do reto do abdome é ↑.
- A intensidade do trabalho do oblíquo externo é ↑.

RETO DO ABDOME – SUPRA	2,3 mV
RETO DO ABDOME – INFRA	1,7 mV
OBLÍQUO EXTERNO	3 mV

* Entende-se como "padrão de ativação" a proporcionalidade do nível de ativação das regiões superior e inferior do reto do abdome (divisão do sinal da região superior pelo sinal da região inferior) nas diferentes formas de execução dos exercícios abdominais. Deve-se salientar que a região superior do reto do abdome apresenta um sinal EMG geralmente maior do que a região inferior.

Infra-abdominal

Em comparação com o supra-abdominal:

- O padrão de ativação das regiões superior e inferior do reto do abdome é semelhante.
- A intensidade do trabalho do reto do abdome é ↓.
- A intensidade do trabalho do oblíquo externo é ↓.

RETO DO ABDOME – SUPRA	1,6 mV
RETO DO ABDOME – INFRA	1,3 mV
OBLÍQUO EXTERNO	1,8 mV

Abdominal oblíquo

Em comparação com o supra-abdominal:

- A intensidade do trabalho do reto do abdome é ↓.
- A intensidade do trabalho do oblíquo externo é ↑.

RETO DO ABDOME – SUPRA	1,5 mV
RETO DO ABDOME – INFRA	1,2 mV
OBLÍQUO EXTERNO	7,2 mV

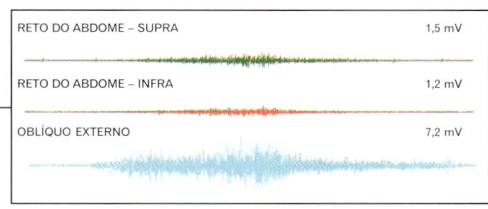

Com equipamento

- Inclinado
- Com sobrecarga
- Com apoio cervical
- Em suspensão

abdominais

Inclinado
Em comparação com o supra-abdominal:

- A intensidade do trabalho do reto do abdome é ↑.
- A intensidade do trabalho do oblíquo externo é ↑.

RETO DO ABDOME – SUPRA 5 mV
RETO DO ABDOME – INFRA 8,6 mV
OBLÍQUO EXTERNO 4,7 mV

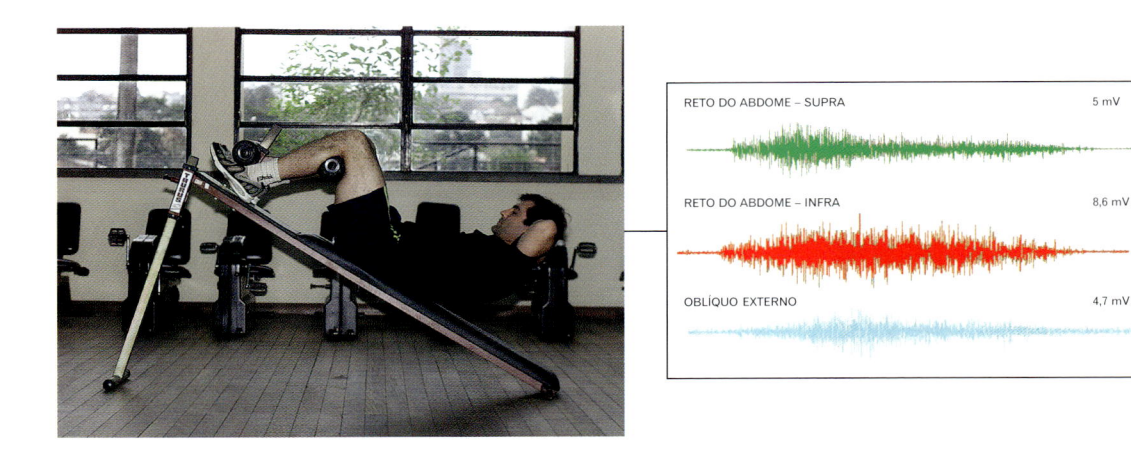

Com sobrecarga
Em comparação com o supra-abdominal:

- A intensidade do trabalho do reto do abdome é ↑.
- A intensidade do trabalho do oblíquo externo é ↑.

Obs.: A intensidade aumenta pela sobrecarga imposta pelo equipamento.

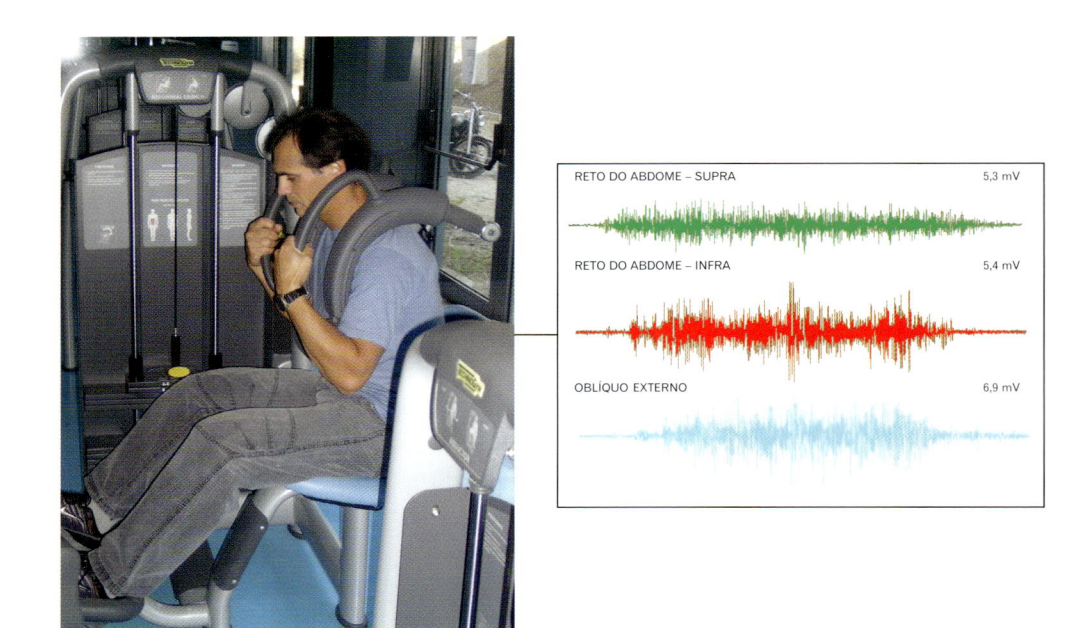

RETO DO ABDOME – SUPRA 5,3 mV
RETO DO ABDOME – INFRA 5,4 mV
OBLÍQUO EXTERNO 6,9 mV

Com apoio cervical
Em comparação com o supra-abdominal:

- A amplitude de movimento da coluna é ↓.
- A intensidade do trabalho do reto do abdome é semelhante.
- A intensidade do trabalho do oblíquo externo é semelhante.

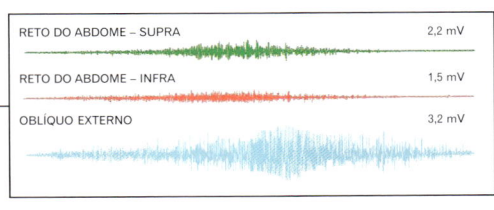

RETO DO ABDOME – SUPRA	2,2 mV
RETO DO ABDOME – INFRA	1,5 mV
OBLÍQUO EXTERNO	3,2 mV

Em suspensão
Em comparação com o supra-abdominal:

- A intensidade do trabalho do reto do abdome é ↑.
- A intensidade do trabalho do oblíquo externo é ↑.

RETO DO ABDOME – SUPRA	3,2 mV
RETO DO ABDOME – INFRA	7,9 mV
OBLÍQUO EXTERNO	5,3 mV

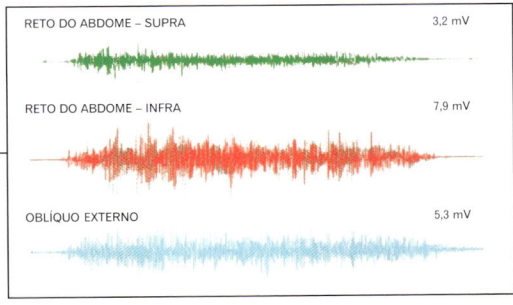

Considerações

Deve-se flexionar ou estender o quadril?

A posição de flexão do quadril diminui o comprimento muscular do psoas, o que reduz a tensão desse músculo sobre a coluna lombar, evitando a sua ação paradoxal de hiperextensão. Além desse aspecto de proteção da coluna lombar, a flexão do quadril aumenta a intensidade do trabalho dos abdominais por diminuir a ativação dos flexores do quadril que auxiliam na execução do movimento.

Quadril flexionado

RETO DO ABDOME – SUPRA	2,3 mV
RETO DO ABDOME – INFRA	1,7 mV
OBLÍQUO EXTERNO	3 mV
RETO FEMORAL	0,1 mV

Quadril estendido

RETO DO ABDOME – SUPRA	1,9 mV
RETO DO ABDOME – INFRA	1,4 mV
OBLÍQUO EXTERNO	0,9 mV
RETO FEMORAL	0,5 mV

Qual o efeito do equipamento com apoio cervical sobre os músculos dessa região?

A utilização do equipamento com apoio cervical tem como principal objetivo aliviar a tensão dessa região, que normalmente ocorre ao executar o exercício supra-abdominal (tradicional).

Sem equipamento

ESTERNOCLEIDOMASTÓIDEO	2,3 mV
PARAVERTEBRAIS CERVICAIS	0,3 mV

Com equipamento

ESTERNOCLEIDOMASTÓIDEO	1,7 mV
PARAVERTEBRAIS CERVICAIS	0,1 mV

Qual o efeito do abdominal com equipamento com apoio cervical sobre a ativação dos músculos abdominais?

Ao comparar o abdominal com equipamento com apoio cervical com o supra-abdominal, o nível de atividade dos músculos abdominais (reto do abdome e oblíquo externo) é semelhante. Dessa forma, as duas formas de execução do exercício abdominal são indicadas para o reforço dessa musculatura (Vaz e cols., 1999).

abdominais

Sem equipamento

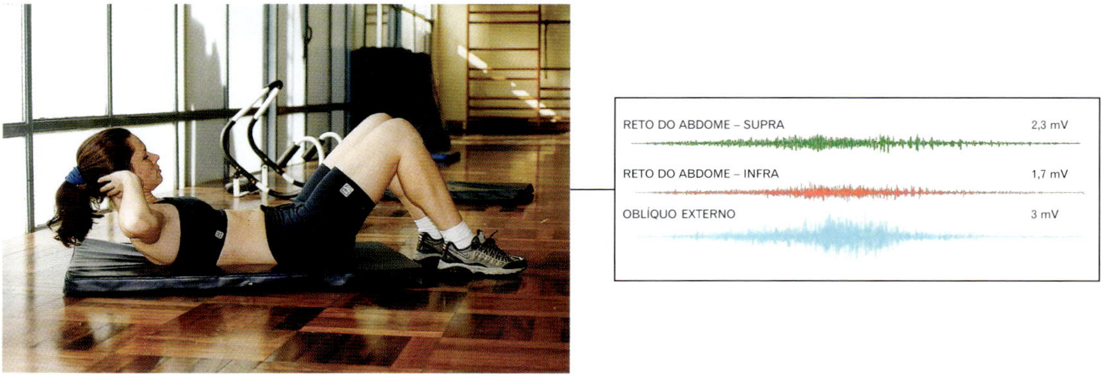

RETO DO ABDOME – SUPRA	2,3 mV
RETO DO ABDOME – INFRA	1,7 mV
OBLÍQUO EXTERNO	3 mV

Com equipamento

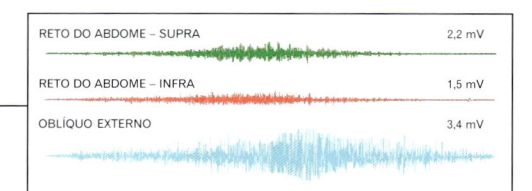

RETO DO ABDOME – SUPRA	2,2 mV
RETO DO ABDOME – INFRA	1,5 mV
OBLÍQUO EXTERNO	3,4 mV

Qual a melhor forma de trabalhar os abdominais oblíquos, com ou sem equipamento com apoio cervical?

A forma ideal de trabalho dos músculos abdominais oblíquos é o exercício sem equipamento, denominado de abdominal oblíquo. A forma como é indicada a utilização do equipamento com apoio cervical para trabalhar os oblíquos, na verdade, não consegue atingir esse objetivo, pois o movimento de rotação da coluna ocorre apenas para o posicionamento inicial, a partir do qual, o movimento realizado passa a ser de flexão ou de flexão lateral da coluna, dependendo da posição da cintura pélvica. Sendo que a intensificação do trabalho dos músculos oblíquos é obtida com o movimento de rotação da coluna, o exercício realizado no equipamento com apoio cervical não é adequado para esse fim, considerando-se o fato de que o movimento de rotação não ocorre durante o exercício.

> Além disso, a associação dos movimentos de rotação com flexão da coluna aumenta a sobrecarga nos discos intervertebrais lombares (Nordin e Frankel, 1989). Por isso, permanecer com a coluna em rotação enquanto a flexão é realizada, como ocorre no exercício com apoio cervical, pode ocasionar problemas indesejáveis na região lombar.

Sem equipamento

OBLÍQUO EXTERNO   7,2 mV

Com equipamento

OBLÍQUO EXTERNO   0,5

Como realizar a respiração durante os exercícios abdominais?

O tipo de respiração mais adequado para realizar durante o exercício abdominal é a respiração passiva (inspiração durante a fase excêntrica e expiração na fase concêntrica). A utilização desse padrão é indicada devido à ação dos músculos transverso do abdome e oblíquos externos e internos na fase de expiração forçada, o que ocorre em função desses músculos, sobretudo os últimos, serem responsáveis pelo movimento de depressão das costelas (Rasch e Burke, 1977).

Com respiração — OBLÍQUO EXTERNO   3 mV

Sem respiração — OBLÍQUO EXTERNO   1,5 mV

> É importante salientar que a disposição horizontal das fibras do músculo transverso do abdome não possibilita a realização de nenhum dos movimentos da coluna. Dessa forma, realizar a respiração passiva durante os exercícios abdominais é uma das formas mais eficientes de trabalhar esse músculo. O reforço do transverso do abdome é necessário pelo seu papel em situações funcionais como tosse, espirro, evacuação, além da própria sustentação das vísceras dentro da cavidade abdominal. Além disso,

> esse músculo também tem um importante papel na estabilização da coluna vertebral durante a realização de movimentos rápidos dos membros superiores e inferiores, a qual parece estar relacionada à pré-ativação muscular ocorrida na realização de tais movimentos (Marshall e Murphy, 2003).

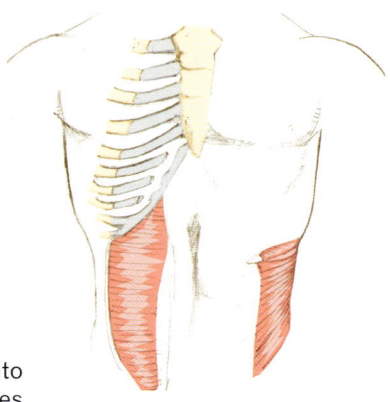

Existem realmente os exercícios supra e infra-abdominais?

Os exercícios supra e infra-abdominais foram por muito tempo indicados com o objetivo de enfatizar as regiões superior e inferior do reto do abdome, respectivamente.
No entanto, alguns estudos (Clark, Holt e Sinyaro, 2003; Andersson, Nilsson e Thorstensson, 1997; Vaz e cols., 1991) não têm comprovado esse fato, demonstrando que a ativação da região inferior do reto do abdome não é intensificada quando o exercício é realizado pelo movimento da cintura pélvica (infra-abdominal), assim como a região superior do reto do abdome não é intensificada quando o exercício é realizado pelo movimento do tronco (supra-abdominal). Ou seja, o padrão de ativação dessas regiões independe da forma de realização do exercício.

Supra-abdominal

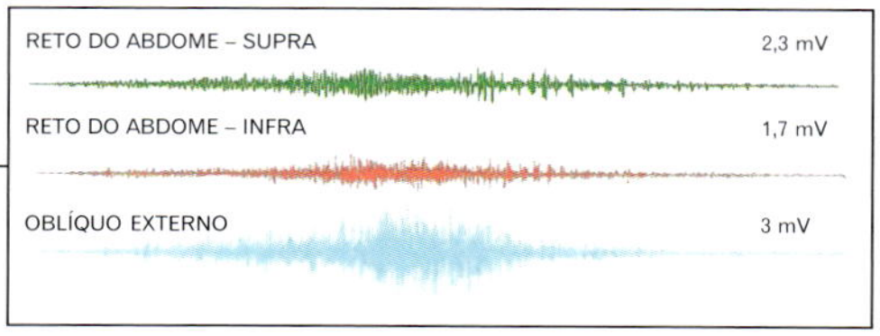

RETO DO ABDOME – SUPRA	2,3 mV
RETO DO ABDOME – INFRA	1,7 mV
OBLÍQUO EXTERNO	3 mV

Infra-abdominal

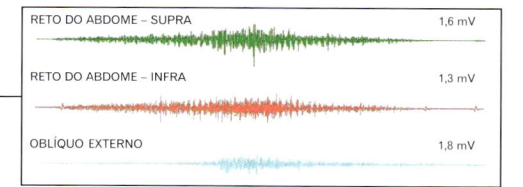

RETO DO ABDOME – SUPRA	1,6 mV
RETO DO ABDOME – INFRA	1,3 mV
OBLÍQUO EXTERNO	1,8 mV

Quais são os efeitos, na coluna lombar, do equipamento com sobrecarga?

A descarga axial sobre a coluna vertebral é maior na posição sentada quando comparada às posições em pé e deitada (Nachenson e Morris, 1964; Nachenson, 1975; Wilke e cols., 1999). Por isso, a posição de realização do exercício abdominal no equipamento com sobrecarga acarreta o aumento da pressão sobre os discos intervertebrais, sendo esta maior do que nos exercícios realizados em decúbito dorsal.

> Cabe salientar que esse exercício, por associar uma maior descarga axial com o movimento de flexão da coluna, aumenta a possibilidade de deslocamento do núcleo pulposo para a região posterior das vértebras e, por isso, apresenta restrições para indivíduos com história de lombalgia e hérnia de disco.

Qual é a implicação dos exercícios abdominais sobre a postura corporal?

A importância da função abdominal no controle da postura corporal é amplamente discutida na literatura, principalmente pelo seu papel no controle da hiperlordose lombar, fato que leva a uma prescrição indiscriminada e excessiva de exercícios para a região abdominal. Esse procedimento acarreta um desequilíbrio entre a musculatura abdominal e a paravertebral lombar quando estes últimos músculos são negligenciados nos programas de treinamento (Lapierre, 1982).

> A estabilidade da coluna lombar é atingida pelo equilíbrio fisiológico de forças entre a musculatura abdominal e a paravertebral. O reforço excessivo da musculatura abdominal, como normalmente ocorre nas prescrições de treinamento, pode levar a alterações posturais que vão desde a retificação lombar até a hipercifose lombar e dorsal.

EXTENSORES DA COLUNA LOMBAR

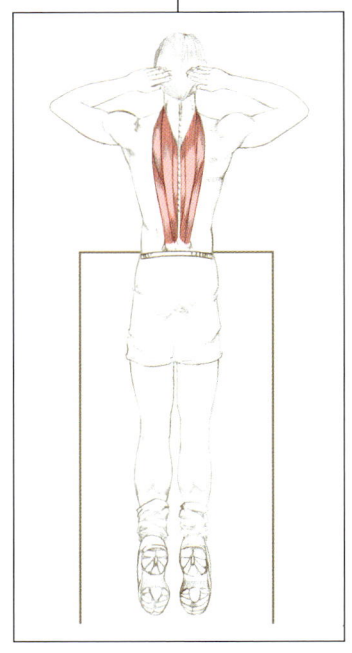

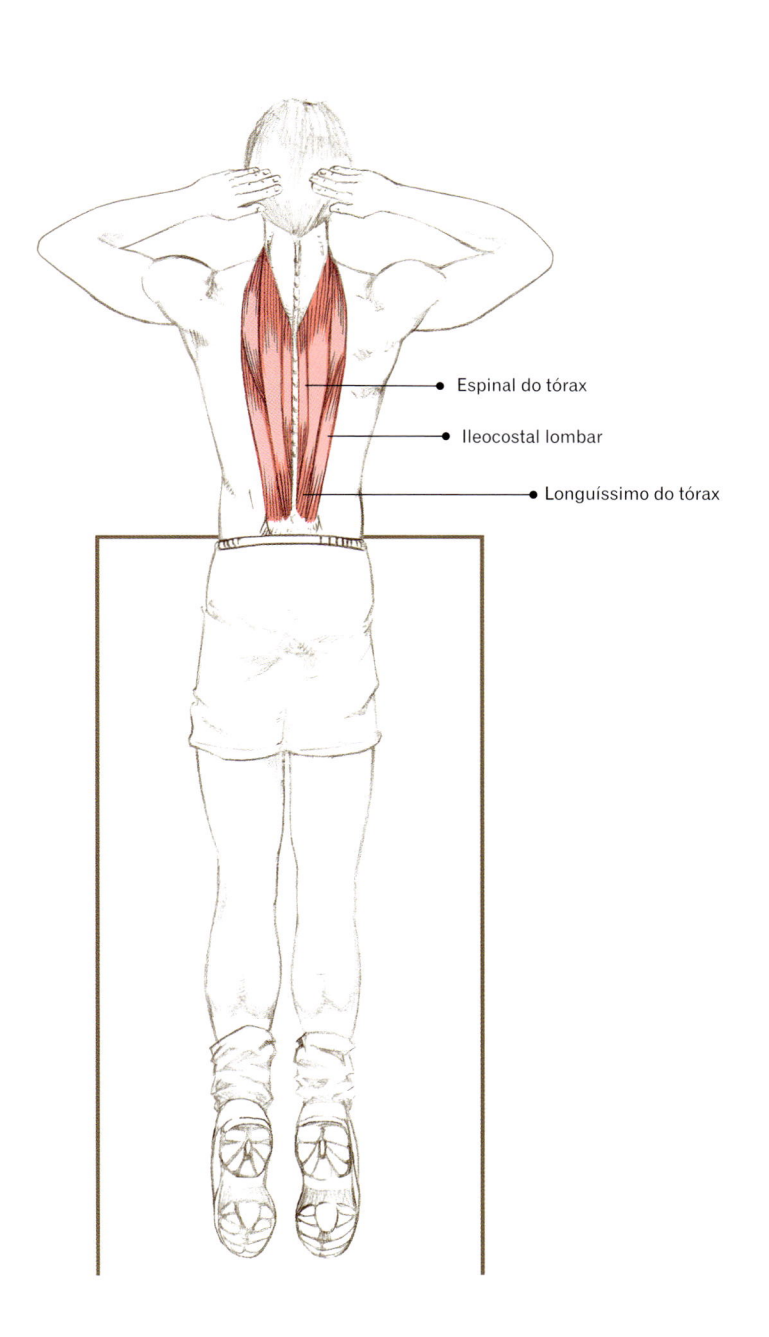

- Espinal do tórax
- Ileocostal lombar
- Longuíssimo do tórax

extensores da coluna lombar

Principal articulação envolvida
- Coluna lombar

Análise cinesiológica

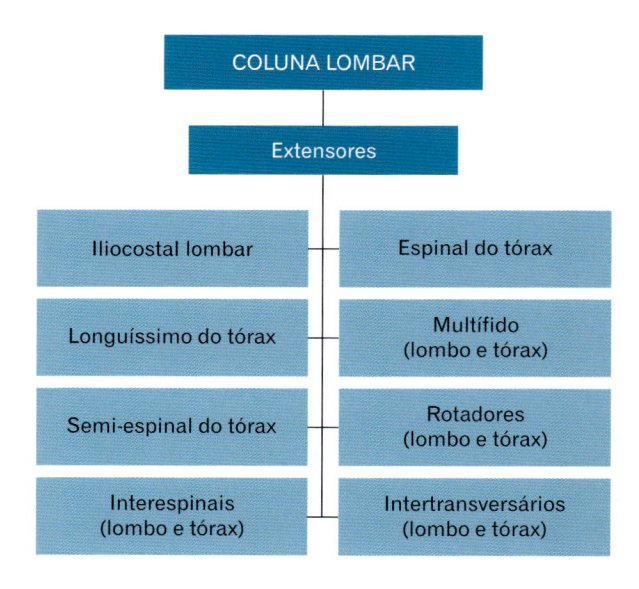

```
COLUNA LOMBAR
      │
  Extensores
      │
┌─────┴─────┐
Iliocostal lombar    —    Espinal do tórax
Longuíssimo do tórax —    Multífido (lombo e tórax)
Semi-espinal do tórax —   Rotadores (lombo e tórax)
Interespinais (lombo e tórax) — Intertransversários (lombo e tórax)
```

Variações

As variações na forma de execução desse movimento não alteram a participação sinérgica dos músculos, mas a intensidade de ativação pode variar.

As possibilidades de execução do movimento de extensão da coluna lombar são: decúbito ventral no banco, decúbito ventral no solo, de gato (quatro apoios). Em todas essas posições, a realização do movimento pode ser feita pelo deslocamento do tronco ou da cintura pélvica e dos membros inferiores.

Posição de execução
- Decúbito ventral no banco
- Decúbito ventral no solo
- De gato (quatro apoios)

coluna 175

Decúbito ventral no banco

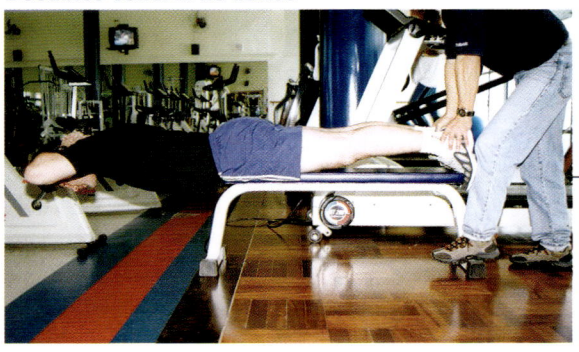

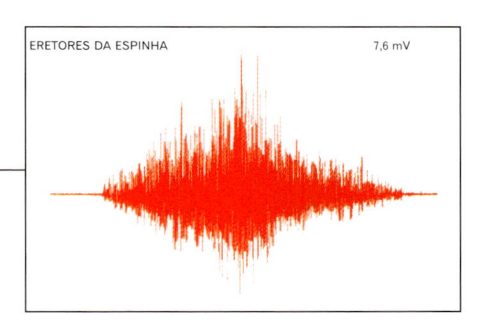

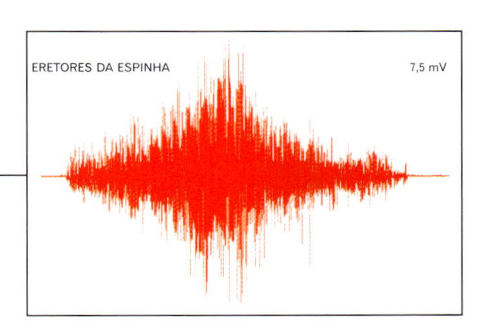

ERETORES DA ESPINHA — 7,6 mV

ERETORES DA ESPINHA — 7,5 mV

Decúbito ventral no solo

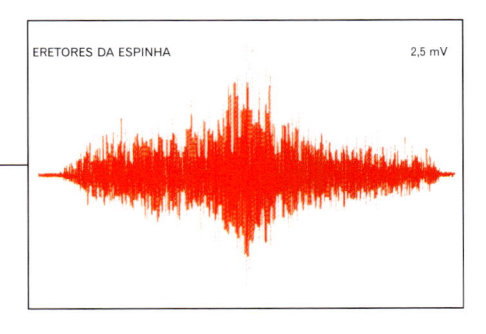

ERETORES DA ESPINHA — 2,5 mV

extensores da coluna lombar

De gato (quatro apoios)

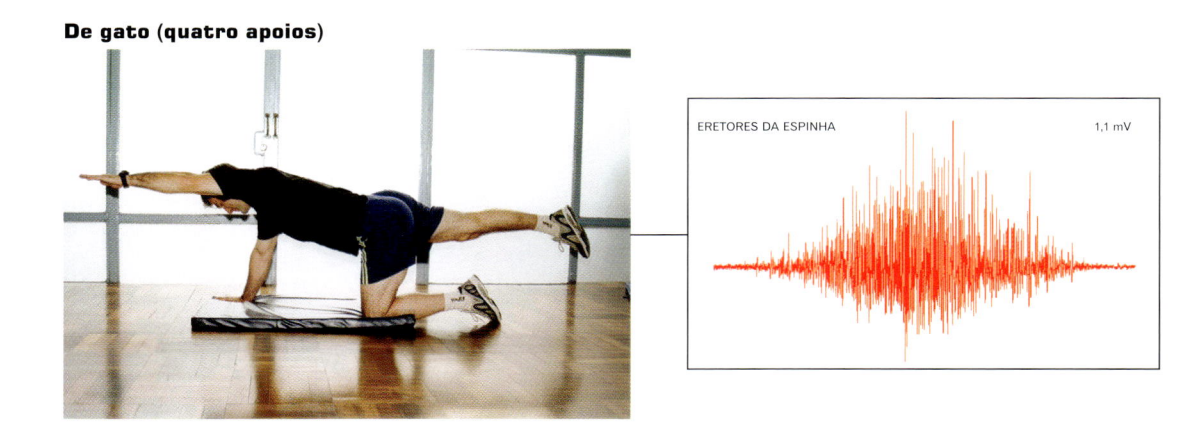

ERETORES DA ESPINHA 1,1 mV

Considerações

Qual é a estratégia para otimizar o trabalho do grupo transverso-espinais (semi-espinal, multífidos e rotadores)?

Esse grupo muscular é o único entre os extensores que é responsável pelo movimento de rotação da coluna. Nesse caso, o movimento de extensão associado ao de rotação da coluna intensifica o trabalho desses músculos.

Como esse grupo muscular situa-se em uma camada mais profunda, não é possível demonstrar a sua ativação por meio da eletromiografia de superfície.

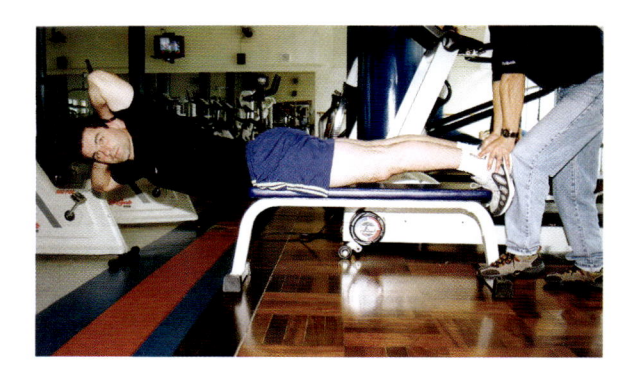

Que formas de trabalho devem ser propostas para os extensores da coluna?

Os extensores da coluna têm um papel importante na ação antigravitacional e apresentam-se em três camadas – superficial, média e profunda (Netter, 2004) –, sendo que a camada profunda, constituída por músculos curtos, é a maior responsável pela estabilidade estática das vértebras, enquanto as camadas média e superficial, constituídas por músculos mais longos, apresentam a função de estabilizar a coluna vertebral em condições dinâmicas (Hall e Brody, 2001).

coluna 177

Outros cuidados importantes

- Na fase inicial de treinamento, deve-se executar o movimento de extensão da coluna, evitando a hiperextensão. O indicado é começar o exercício com a coluna flexionada.

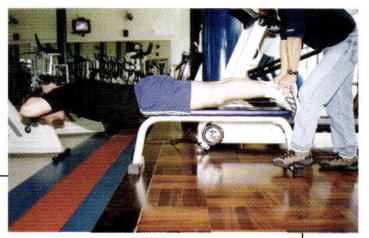

Certo

Errado

- Após a execução do exercício, deve-se compensar a sobrecarga na coluna lombar mediante alongamentos para essa região em posições de menor descarga axial.

FLEXÃO LATERAL

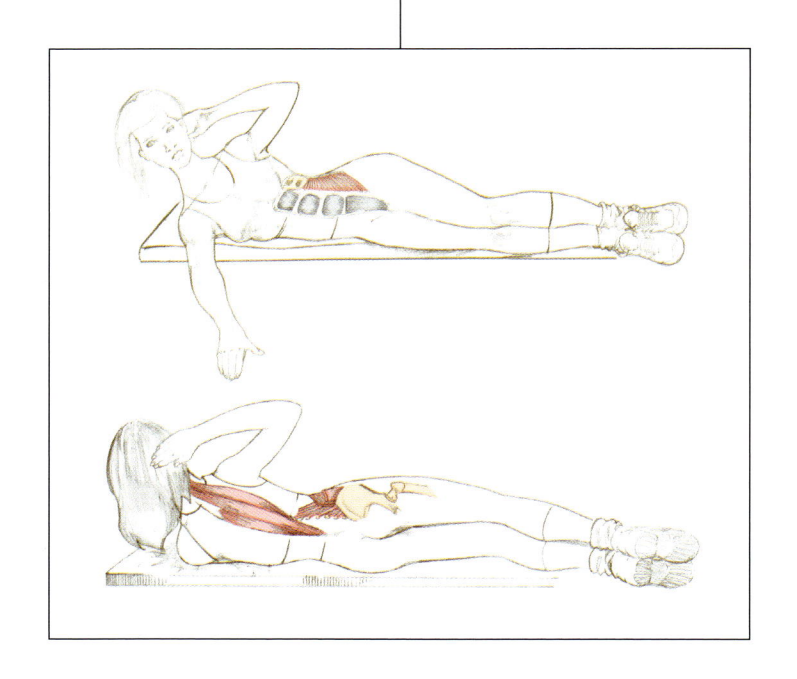

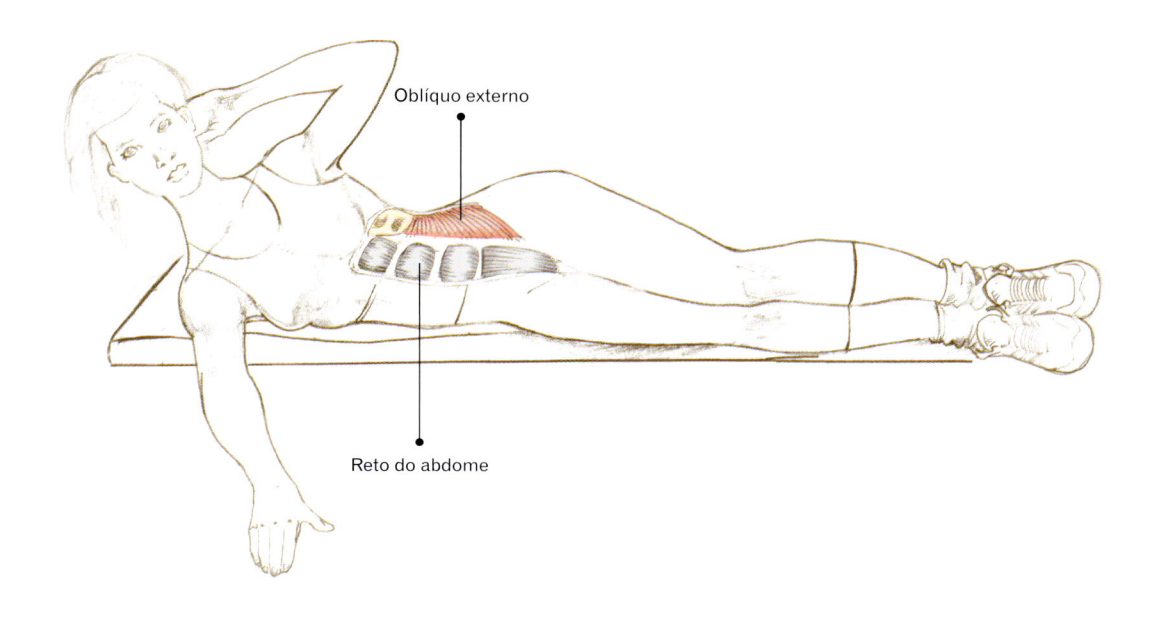

Oblíquo externo

Reto do abdome

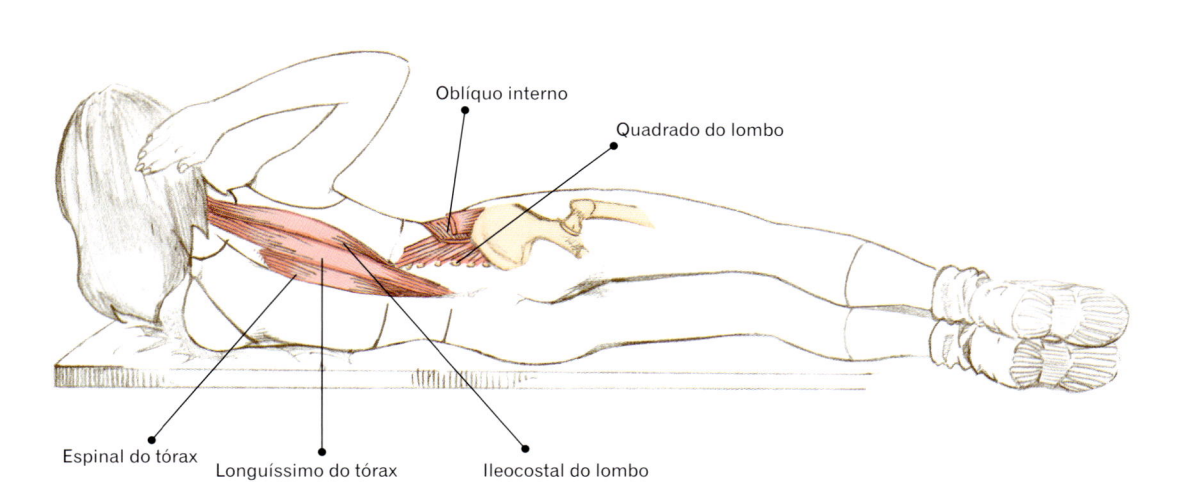

Oblíquo interno

Quadrado do lombo

Espinal do tórax

Longuíssimo do tórax

Ileocostal do lombo

flexão lateral

Principal articulação envolvida
- Coluna lombar

Análise cinesiológica

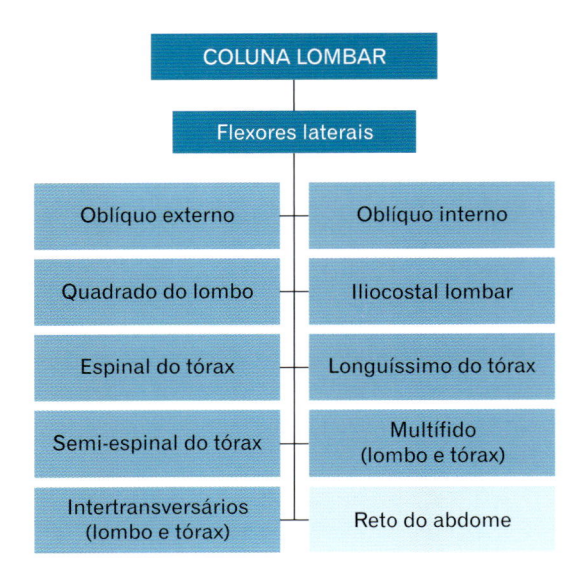

COLUNA LOMBAR

Flexores laterais

- Oblíquo externo
- Oblíquo interno
- Quadrado do lombo
- Iliocostal lombar
- Espinal do tórax
- Longuíssimo do tórax
- Semi-espinal do tórax
- Multífido (lombo e tórax)
- Intertransversários (lombo e tórax)
- Reto do abdome

Variações

As variações na forma de execução desse movimento não alteram a participação sinérgica dos músculos, mas a intensidade de ativação pode variar.

As possibilidades de execução do movimento de flexão lateral da coluna lombar são em decúbito lateral e em pé.

Posição de execução
- Em decúbito lateral
- Em pé

Em decúbito lateral

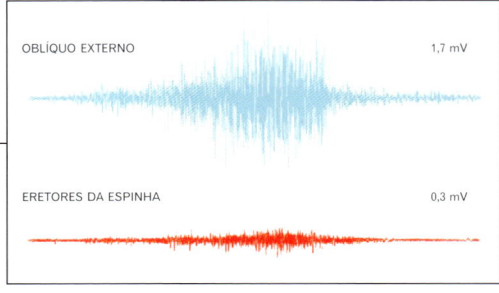

OBLÍQUO EXTERNO — 1,7 mV

ERETORES DA ESPINHA — 0,3 mV

Em pé

OBLÍQUO EXTERNO — 1,3 mV
ERETORES DA ESPINHA — 2,5 mV

Considerações

Qual a importância desse exercício?

O exercício de flexão lateral é uma boa opção para se trabalhar toda a região lombar, pois envolve músculos posicionados anterior, posterior e lateralmente. Além disso, é o único exercício que trabalha o músculo quadrado do lombo.

REFERÊNCIAS BIBLIOGRÁFICAS

ANDERSSON, E.; NILSSON, J.; MA, Z.; THORSTENSSON, A. Abdominal and hip flexor muscle activation during various training exercises. *European Journal of Applied Physiology*, n. 75, p. 115-123, 1997.

BADILLO, J.J.G.; AYESTARÁN, E.G. *Fundamentos do treinamento de força:* aplicação ao alto rendimento. 2. ed. Porto Alegre: Artmed, 2001.

BAECHLE, T.R.; EARLE, R.W. *Essentials of strength training and conditioning.* Champaign: Human Kinetics, 2001.

BAECHLE, T.R.; GROVES, B.R. *Treinamento de força:* passos para o sucesso. 2. ed. Porto Alegre: Artmed, 2000.

BARNETT, C.; KIPPERS, V.; TURNER, P. Effects of variations of the bench press exercise on the EMG activity of five shoulder muscles. *Journal of Strength and Conditioning Research,* v.9, p.222-227, 1995.

BASMAJIAN, J.V.; DE LUCA, C. *Muscles alive:* their functions reveleales by electromyography. 5. ed. Baltimore: Williams & Wilkins, 1985.

BOSCO, C. *La fuerza muscular*: aspectos metodológicos. Barcelona: Inde, 2000.

BROWN, S.P. *Introduction to exercise science*. Philadelphia: Lippincott Williams & Wilkins, 2001.

CALAIS, B. *Anatomia para o movimento*. São Paulo: Manole, 1992. v.1.

CLARK, M.; HOLT, L.E.; SINYARO, J. Electromyographic comparison of the upper and lower rectus adominis during abdominal exercises. *Journal of Strength and Conditioning Research*, v. 17, n. 3, p. 475-483, 2003.

COMETTI, G. *Los métodos modernos de musculación*. Barcelona: Paidotribo, 1998.

CRATE, T. Analysis of the lat pulldown. *Strength and Conditioning,* v.19, n.3, p.26-29, 1997.

DELAVIER, F. *Guia dos movimentos de musculação*. 2. ed. São Paulo: Manole, 2001.

DI DIO, L.J.A. et al. *Terminologia anatômica:* terminologia anatômica internacional. Sociedade Brasileira de Anatomia filiada à FCAT. São Paulo: Manole, 2001.

ENOKA, R.M. *Bases neuromecânicas da cinesiologia*. 2. ed. São Paulo: Manole, 2000.

ENOKA, R.M. Neural adaptations with chronic physical activity. *Journal of Biomechanics*, v.30, n.5, p.447-455, 1997.

ESCAMILLA, R.F. et al. *Medicine and Science in Sports and Exercise,* v.30, n.4, p.556-569, 1998.

ESCAMILLA, R.F. et al. Effects of technique variations on knee biomechanics during the squat and leg press. *Med. Sci. Sports Exerc.*, v.33, n.9, p.1552-1566, 2001.

FLECK, S.J.; KRAEMER, W.J. *Fundamentos do treinamento de força muscular*. 2. ed. Porto Alegre: Artmed, 1999.

GLASS, S.C.; ARMSTRONG, T. Eletromyographical activity of the pectoralis muscle during incline and decline bench presses. *Journal of Strength and Conditioning Research*, v.11, n.3, p.163-167, 1997.

HALL, C.M.; BRODY, L.F. *Exercícios terapêuticos*: na busca da função. Rio de Janeiro: Guanabara Koogan, 2001.

KNUTTGEN, H.G.; KRAEMER, W.J. Terminology e measurement in exercise performance. *Journal of Applied Sport Science Research,* v.1, p.1-10, 1987.

KOMI, P.V. *Strength and power in sport*. Oxford: Blackwell Science, 1996. (The encyclopaedia of sports medicine).

KRAEMER, W.J.; RATAMES, N.A. Fundamentals of resistence training: progression and exercise prescription. *Medicine and Science in Sports and Exercise*, v.36, n.4, p.674-688, 2004.

LAPIERRE, A. *A reeducação física*. São Paulo: Manole. 1982. Tomo II.

LEHMKUHL, L.D.; WEISS, E.L.; SMITH, LK. *Cinesiologia clínica de Brunnstrom*. 5.ed. São Paulo: Manole, 1997.

LESUER, D.A. et al. The accuracy of prediction equations for estimating 1 RM performance in the bench press, squat and deadlift. *Journal of Strength and Conditioning Research*, v.11, n.4, p.211-213, 1997.

MARSHALL, P.; MURPHY, B. The validity and reliability of surface EMG to assess the neuromuscular response of the abdominal muscle to rapid limb movement. *Journal of Eletromyography and Kinesiology*, n.13, p.477-489, 2003.

MATHESON, J.W. et al. Electromyographic activity and applied load during seated quadriceps exercises. *Medicine and Science in Sports and Exercise*, v.33, p.1713-1725, 2001.

MONCRIEF, S.A. et al. Efect of rotator cuff exercise on humeral rotation torque in healthy individuals. *Journal of Strength and Conditioning Research*, v.16, n.2, p.262-270, 2002.

NACHEMSON, A. Towards a better understanding of back pain: a review of the mechanics of the lumbar disc. *Rheumatol. Rehabil*., v.14, p.129, 1975.

NACHEMSON, A.; MORRIS, J.M. In vivo measurements of intradiscal pressure. Discometry, a method for determination of pressure in the lower lumbar discs. *J. Bone Joint Surg.*, v.46A, p.1077, 1964.

NETTER, F.H. *Atlas de anatomia humana*. 3. ed. Porto Alegre: Artmed, 2004.

NORDIN, M.; FRANKEL, V.H. *Basic biomechanics of the musculoskeletal system*. 2. ed. London: Lea & Febiger, 1989.

PEARSON, D. et al. The national strength and conditioning association's basic guidelines for the resistance training of athletes. *National Strength & Conditioning Association*, v.22, n.4, p.14-27, 2000.

PETERSON, L.; RENSTRÖM, P. *Traumas no esporte*. São Paulo: Novartis, 1997.

PLOUTZ-SNYDER, L.L.; GIAMIS, E.L. Orientation and familiarization to 1 RM strength testing in old and young women. *Journal of Strength and Conditioning Research,* v.15, n.4, p.519-523, 2001.

PROVINS, K.A.; SALTER, N. Maximum torque exerted about the elbow joint. *J. Appl. Physiol.,* v.7, p.393-398, 1955.

RASCH, P.J. *Cinesiologia e anatomia aplicada*. 7. ed. São Paulo: Guanabara Koogan, 1989.

RASCH, P.J.; BURKE, R.K. *Cinesiologia e anatomia aplicada*. 5. ed. São Paulo: Guanabara Koogan, 1977.

SOLOMONOW, M.; KROGSGAARD, M. Sensorimotor control the knee stability. A review. *Scandinavian Journal of Medicine and Science in Sports*, v.11, p.64-80, 2001.

STEPHEN, C.G.; ARMSTRONG, T. Electromyographical activity of the pectoralis muscle during incline and decline bench presses. *Journal of Strength and Conditioning Research*, v.11, n.3, p.163-167, 1997.

THOMPSON, C.W.; FLOYD, R.T. *Manual de cinesiologia estrutural*. 12. ed. São Paulo: Manole, 1997.

VAZ, M.A.; GUIMARÃES, A.C.; CAMPOS, M.I.A. Análise de exercícios abdominais: um estudo biomecânico e eletromiográfico. *Revista Brasileira de Ciência e Movimento*, v.5, n.4, p.18-39, 1991.

VAZ, M. A. et al. Comparação da intensidade da atividade elétrica dos músculos reto abdominal e oblíquo externo em exercícios abdominais com e sem utilização de aparelhos. In: CONGRESSO BRASILEIRO DE BIOMECÂNICA, 8., 1999, Florianópolis. Anais...Florianópolis: [s.n.], 1999. p.441-46.

WILKE, H.-J. et al. New in vivo measurements of pressures in the intervertebral disc in daily life. *SPINE*, v.24, n.8, p.755-762, 1999.

ZATSIORSKY, V.M. *Ciência e prática do treinamento de força*. São Paulo: Phorte, 1999.

ZECHIN, E.J. et al. Análise eletromiográfica dos músculos vasto medial, reto da coxa e vasto lateral durante a extensão do joelho em equipamento de resistência mecânica com polia excêntrica e com polia convencional. In: CONGRESSO BRASILEIRO DE BIOMECÂNICA, 8., 1999, Florianópolis. Anais...Florianópolis: [s.n.], 1999. p.483-88.

ÍNDICE

A

Abdominais 160-171
    análise cinesiológica 162
    articulação envolvida 162
    variações 162-165
Adutor curto 146-149, 156-158
Adutor longo 146-149, 156-158
Adutor magno 146-149
Agachamento 126-133
    análise cinesiológica 128
    articulações envolvidas 128
    variações 128-130
Ancôneo 24-31, 76-81, 89-95

B

Bíceps braquial 24-31, 32-35, 36-39, 40-49,
    58-63, 64-67, 82-87
Bíceps femoral 114-119, 120-125, 126-133, 140-155
    cabeça longa 120-125, 150-155
Braquial 32-35, 36-39, 58-63, 64-67, 82-87
Braquiorradial 32-35, 36-39, 58-63, 64-67, 82-87

C

Cadeira abdutora 140-145
    análise cinesiológica 142
    articulação envolvida 142
    variações 142-143
Cadeira adutora 146-149
    análise cinesiológica 148
    articulação envolvida 148
    variações 148-149
Cintura escapular 24-31, 32-35, 36-39, 40-49, 50-57,
    58-67, 68-75, 76-81, 96-101
Coluna 159-181
Coracobraquial 24-31, 40-49
Cotovelo 24-31, 32-35, 36-39, 58-67, 76-81, 82-87, 88-95

D

Deltóide 24-31, 32-35, 36-39, 40-49, 50-57, 64-67, 76-81,
    96-101
    parte acromial 32-35, 50-57, 64-67, 76-81
    parte clavicular 24-31, 75-80, 40-49
    parte espinal 32-35, 36-39, 50-57, 64-67, 96-101

Desenvolvimento incompleto 76-81
    análise cinesiológica 76-81
    articulações envolvidas 76-81
    variações 76-81

E

Elevação lateral 68-75
    análise cinesiológica 70
    articulações envolvidas 70
    variações 70
Elevadores 36-39
    levantador 36-39
    rombóides 36-39
    trapézio, parte descendente 36-39
Espinal do tórax 172-177, 178-181
Extensão do joelho 104-113
    análise cinesiológica 106
    articulação envolvida 106
Extensor do dedo mínimo 24-31, 88-95
Extensor dos dedos 24-31, 76-81, 88-95
Extensor radial curto do carpo 24-31, 76-81, 88-95
Extensor radial longo do carpo 22-29, 86-93
Extensor ulnar do carpo 24-31, 88-95
Extensores da coluna lombar 172-177
    análise cinesiológica 174
    articulação envolvida 174
    variações 174-176

F

Fibular curto 120-125, 126-133, 134-139
Fibular longo 120-125, 126-133, 134-139
Flexão do joelho 114-119
    análise cineciológica 114-119
    articulação envolvida 114-119
    variações 114-119
Flexão do quadril 156-158
    análise cinesiológica 158
    articulação envolvida 158
Flexão lateral 178-181
    análise cinesiológica 178-181
    articulação envolvida 178-181
    variações 180
Flexão plantar 134-139
Flexor longo do hálux 120-125, 126-133, 134-139

Flexor longo dos dedos 120-125, 126-133, 134-139
Flexor radial do carpo 32-35, 36-39, 58-63, 64-67, 82-87
Flexor superficial dos dedos 32-35, 36-39, 58-63, 64-67, 82-87
Flexor ulnar do carpo 32-35, 36-39, 64-67, 82-87

G

Gastrocnêmios 114-119, 120-125, 126-133, 135-139
Glúteo 150-155
    análise cinesiológica 152
    articulação envolvida 152
    variações 152-153
Glúteo máximo 120-125, 126-133, 140-145, 150-155
Glúteo médio 140-145
Glúteo mínimo 140-145
Grácil 114-119, 146-149, 156-158

H

Hálux, flexor longo do 120-125, 126-133, 134-139

I

Ilíaco 156-158
Iliocostal lombar 172-177, 179-181
Infra-espinal 32-35, 50-56, 64-67, 96-101
Intertransversários (lombo e tórax) 172-177, 178-181
Interespinais (lombo e tórax) 172-177

J

Joelho 104-113, 114-119, 126-133

L

Latíssimo do dorso 32-35, 36-39, 50-57, 58-63, 64-67
Leg press 120-125
    análise cinesiológica 122
    articulações envolvidas 122
Levantador da escápula 36-39
Longuíssimo do tórax 172-177, 178-181

M

Membros inferiores 103-158
Membros superiores 105-158
Movimento, análise de 11-21
    aspectos biomecânicos 13-21
    aspectos neurofisiológicos 11-13
Multífido (lombo e tórax) 172-177, 178-181

O

Oblíquo externo 160-171, 178-181
Oblíquo interno 160-171, 178-181
Ombro 24-31, 32-35, 36-39, 40-49, 50-57, 58-67, 68-75, 76-81, 96-101

P

Palmar longo 32-35, 36-39, 58-63, 64-67, 82-87
Pectíneo 146-149, 156-158
Peitoral maior 24-31, 36-39, 40-49, 58-63
    parte clavicular 24-31, 40-49
    parte esternocostal 24-31, 36-39, 58-63
Peitoral menor 24-31, 36-39, 40-49, 58-63
Plantar 114-119, 120-125, 126-133, 134-139
Pronador redondo 32-35, 36-39, 58-63, 64-67, 82-87
Psoas 158, 160-171
Puxadas 58-67
    análise cinesiológica 60
    articulações envolvidas 60
    puxada inclinada 64-67
        articulações envolvidas 66
        análise cinesiológica 66
        variações 66
    variações 60-61

Q

Quadril 126-133, 140-145, 150-155, 156-158
Quadrado do lombo 178-181

R

Redondo menor 32-35, 50-57, 64-67, 96-101
Redondo maior 32-35, 36-39, 50-57, 58-63, 64-67
Remada alta 32-35
    análise cinesiológica 34
    articulações envolvidas 34
    variações 34
Remada baixa 36-39
    análise cinesiológica 38
    articulações envolvidas 38
    variações 38
Reto do abdome 160-171, 178-181
Reto femoral 104-113, 120-125, 126-133, 140-145, 156-158
Rombóides 32-35, 36-39, 50-57, 58-63, 65-67, 96-101
Rosca bíceps 82-87
    análise cinesiológica 84
    articulação envolvida 84
    variações 84-86

Rosca tríceps 88-95
    análise cinesiológica 88-95
    articulação 90
    variações 90-93
Rotação externa 96-101
    análise cinesiológica 98
    articulações envolvidas 98
    variações 98-99
Rotadores (lombo e tórax) 172-177

S

Sartório 114-119, 140-145, 156-158
Semi-espinal do tórax 172-177, 178-181
Semimembranáceo 114-119, 120-125, 126-133, 150-155
Semitendíneo 114-119, 120-125, 126-133, 150-155
Serrátil anterior 24-31, 40-49, 68-75, 76-81
Sóleo 120-125, 126-133, 134-139
Subescapular 24-31
Supino 24-31
    articulações envolvidas 26
    análise cinesiológica 26
    variações 26-28
Supra-espinal 68-75, 76-81

T

Tensor da fáscia lata 140-145
Tibial posterior 120-125, 126-133, 134-139
Tornozelo 126-133, 134-139
Trapézio 32-35, 50-57, 64-67, 68-75, 76-81, 96-101
    parte ascendente 32-35, 50-57, 64-67, 68-75, 76-81, 96-101
    parte descendente 32-35, 36-39, 50-57, 64-67, 68-75, 76-81, 96-101
    parte transversa 32-35, 50-57, 64-67, 96-101
Tríceps braquial 24-31, 36-39, 58-63, 76-81, 88-95

V

Vasto intermédio 104-113, 120-125, 126-133
Vasto lateral 104-113, 120-125, 126-133
Vasto medial 104-113, 120-125, 126-133
Voador direto (frontal) 40-48
    análise cinesiológica 42
    articulações envolvidas 42
    variações 42-44
Voador invertido (dorsal) 50-57
    análise cinesiológica 52
    articulações envolvidas 52
    variações 52-54

edelbra
Impressão e Acabamento
E-mail: edelbra@edelbra.com.br
Fone/Fax: (54) 3520-5000
IMPRESSO EM SISTEMA CTP